JOHANN NESTROY

Freiheit in Krähwinkel

POSSE MIT GESANG
IN ZWEI ABTEILUNGEN
UND DREI AKTEN

GW00320413

HERAUSGEGEBEN VON
JÜRGEN HEIN

PHILIPP RECLAM JUN. STUTTGART

Der Text folgt den *Gesammelten Werken*, herausgegeben von Otto Rommel, Fünfter Band, Verlag von Anton Schroll & Co., Wien 1949. Er entspricht, bei neuerlicher Revision nach den Handschriften und dem Erstdruck (Verlag und Druck von J. B. Wallishausser, Wien 1849), der historisch-kritischen Gesamtausgabe, herausgegeben von Fritz Brukner und Otto Rommel, Wien 1924–30 (Bd. 5, 1925). Die Anmerkungen stützen sich auf beide Ausgaben, wurden aber vom Herausgeber bearbeitet und ergänzt.

Universal-Bibliothek Nr. 8330
Alle Rechte vorbehalten. © 1969 Philipp Reclam jun., Stuttgart
Bibliographisch ergänzte Ausgabe 1987
Gesamtherstellung: Reclam, Ditzingen. Printed in Germany 1987
ISBN 3-15-008330-3

PERSONENVERZEICHNIS

Bürgermeister *und* Oberältester
  von Krähwinkel
Sperling Edler von Spatz
Rummelpuff, *Kommandant der Krähwinkler*
  Stadtsoldaten
Pfiffspitz, *Redakteur der Krähwinkler Zeitung*
Eberhard Ultra, *dessen Mitarbeiter*
Reakzerl Edler von Zopfen, *geheimer*
  Stadtsekretär
Frau von Frankenfrey, *eine reiche Witwe*
Sigmund Siegl, ⎱
Willibald Wachs, ⎰ *subalterne Beamte*
Frau Klöppl, *Witwe*
Franz, *Kellner*
Klaus, *Ratsdiener*
Emerenzia, *dessen Gattin*
Cäcilie, *seine Tochter*
Der Nachtwächter
Walpurga, *dessen Tochter*
Pemperl[1], *Klempnermeister,*   ⎱
Schabenfellner[2],   ⎰ *Ratsbeisitzer*
  Kürschner,
Frau Pemperl
Frau Schabenfellner
Babette, *Pemperls Tochter*
Frau von Schnabelbeiss, *Geheimrätin*
Adele, *ihre Tochter*
Eduard, *Bedienter der Frau von Frankenfrey*
Einwohner von Krähwinkel

---

1. (onomatopoet.) *pempern:* hämmern auf Metall.
2. Zusammensetzung aus Motte *(Schabe)* und Fell

Erstaufführung am 1. Juli 1848, bis 4. Oktober 1848 (Einnahme der Stadt durch die Regierungstruppen) sechsunddreißigmal gespielt. Der Theaterzettel gab noch an: Musik (mit Ausnahme der Nationallieder) von Mich. Hebenstreit, die vorkommenden Dekorationen von den Herren Lehmann und Grünfeld.

Erste Abteilung: Die Revolution

ERSTER AKT

Wirtshaus in Krähwinkel

ERSTE SZENE

Krähwinkler Bürger, darunter Nachtwächter, Pemperl und
Schabenfellner (sitzen an einem großen Tisch und trinken).

Chor.
  Was recht is, is recht, doch was z'viel is, is z'viel,
  Der Chef unserer Stadt tut mit uns, was er will!
  D' ganze Welt tut an Freiheit sich lab'n,
  Nur wir Krähwinkler soll'n keine hab'n.
  Die Krähwinkler, Mordsapprament,
  Sind eb'nfalls ein deutsch's Element,
  Drum lass'n wir jetzt nimmer nach, Freiheit muß sein!
  Wir erringen s', und sperren s' uns auch leb'nslänglich ein.

Nachtwächter. Anders muß's werd'n und anders
  wird's werd'n, die Zeiten der Finsternis sind einmal vorbei.

Pemperl. Wenn die Finsternis abkommt, können d'
  Nachtwächter alle[3] verhungern.

Nachtwächter. Hör' auf, Klampferer[4], mit deine
  blechernen G'spaß! Wir sitzen hier versammelt als Kern
  der Krähwinkler Bürgerschaft, und da kann nur von
  Geistesfinsternis die Red' sein.

Schabenfellner. Mir wär' die Freiheit schon recht,
  wenn ich nur wußt', ob dann die hiesige Nationalgard'
  Grenadiermützen kriegt.

Nachtwächter. Sie sind viel mehr Kürschner als
  Mensch.

---

  3. Der Text im Erstdruck und in den Sämtlichen Werken hat hier
statt *alle* den Wortlaut *alle Tag'*: zusammen mit *Nachtwächter* ein
Wortspiel!
  4. Klempner.

P e m p e r l. Durch die Freiheit kommt auch 's Fuchs-
schwanzen[5] ab, is wieder ein Schaden für die Kürschner.
N a c h t w ä c h t e r. Von einem Menschen, der seine War'
aus Rußland bezieht, kann man nichts Liberales erwarten[6].
P e m p e r l. Still, ich glaub' – richtig, 's kommt einer vom
Amt.

ZWEITE SZENE

Klaus. Vorige.

K l a u s *(durch die Mitte)*. Schön' guten Abend, meine Herrn
Mitbürger.
N a c h t w ä c h t e r *(beiseite zu Pemperl)*. Is schon wie-
der der Spitzl da!
P e m p e r l *(zum Nachtwächter)*. Ach, das wär' z' rund[7],
wenn der a Spitzl wär'.
K l a u s. Ich werd' a bisserl mittrinken, im übrigen trinken
S' ganz ungeniert fort.
N a c h t w ä c h t e r. Wir werd'n so frei sein[8].
K l a u s. So frei sein? So ruchlose Ausdruck' sollten Sie
nicht gebrauchen. Ich bin vom Amt, und wir lieben das
nicht, daß der Mensch frei is.
P e m p e r l *(zur Gesellschaft)*. Setzen wir uns in Garten
hinaus; 's is angenehmer in der freien Luft.
K l a u s. Wenn s' nur nicht gar so frei wär', die Luft – ich
bleib' herin.
P e m p e r l. Das is g'scheit, so brauch'n wir Ihnen nicht auf
'n G'nack[9] z' haben. *(Zum Nachtwächter.)* Komm' der
Herr!
N a c h t w ä c h t e r. Nein, ich bleib' noch a Weil' da, ich
muß ihm a Gall' machen.
D i e B ü r g e r *(die Gläser nehmend, mit einem scheelen
Blick des Hasses auf Klaus)*. Schaun wir, daß wir weiter
kommen. *(Alle ab, Seitentüre rechts.)*

5. Wortspiel: *Füchse abbalgen* in der wirklichen und *sich einschmei-
cheln, nach dem Mund reden* in der übertragenen Bedeutung.
6. Das zaristische Rußland war der Inbegriff des Despotismus.
7. Schwer zu fassen, unerträglich, zu arg.
8. Literarische Anspielung auf die Schlußpointe in Anastasius Grüns
Gedicht »Salonszene« (1831): »Dürft' ich wohl so frei sein, frei zu sein?«
9. Genick.

DRITTE SZENE
Nachtwächter. Klaus.

K l a u s. Sonderbar, daß wir vom Amt so wenig Sympathie haben unter 'n Volk.

N a c h t w ä c h t e r. Is Ihnen leid, daß S' jetzt nichts rapportieren können bei Seiner Herrlichkeit?

K l a u s. Herr Nachtwachter, frotzeln Sie mich nicht, Sie sind selbst Beamter.

N a c h t w ä c h t e r. Ich tu' meine Schuldigkeit, deßtwegen bin ich aber doch ein freisinniger Mensch.

K l a u s. Als solcher sind Sie uns bereits denunziert. Wir wissen, daß Sie auswärtige Blätter lesen, sogar österreichische!

N a c h t w ä c h t e r. Na, und was is's weiter?

K l a u s. Diese Blätter waren einst so unschuldig wie g'wasserte Milich, und jetzt unterstehn sie sich, den Absolutismus zu verhianzen[10].

N a c h t w ä c h t e r. Unser Bürgermeister kriegt g'wiß über jeden Artikel die Krämpf'.

K l a u s. Sie haben noch einen Fehler, den wir recht gut wissen.

N a c h t w ä c h t e r. Und der wär'?

K l a u s. Sie denken bei der Nacht über das nach, was Sie beim Tag gelesen haben; das liebt die Krähwinkler Regierung nicht.

N a c h t w ä c h t e r. Natürlich, das Denken ist viel größeren Regierungen verhaßt.

K l a u s. Mit einem Wort, ich kann Ihnen sagen, Sie sind sehr schwarz angeschrieben bei uns.

N a c h t w ä c h t e r. Mein G'schäft is die Nacht, die Nacht is schwarz, also verschlagt mir das nix.

K l a u s. Sie reden sich –

N a c h t w ä c h t e r. Doch nicht um den Kopf?

K l a u s. Das will ich nicht direkte behaupten, aber um den Magen, wenigstens um das, was den Magen füllt – ums Brot.

N a c h t w ä c h t e r. Larifari, in freisinnigen Ländern wachst auch Getreid'.

10. Verspotten, hänseln, verhöhnen.

Klaus. Sie reden in den Tag hinein, und das is bei einem
Nachtwächter unverzeihlich.

Nachtwächter *(böse werdend).* Herr Klaus –

Klaus. Kurz und gut, ich sag' Ihnen, beachten Sie meine
bureaukratischen Winke, wenn Sie anders die Fortdauer
Ihrer Existenz nicht in Frage gestellt wissen wollen.

Nachtwächter. Kümmer' sich der Herr Ratsdiener
um die seinige. Die Freiheit hat noch keinen einzigen
Nachtwächter, wohl aber schon a paar tausend Spitzeln
brotlos g'macht.

Klaus *(stolz).* Verhungert is deßtwegen doch noch keiner,
ein Zeichen, daß s' noch alleweil heimlich g'futtert werd'n.
Und jetzt schweigen Sie, Sie sind ein Aufrührer, ein
Wühler, ein Demagog. ~~Subversivl~~

Nachtwächter. Ich bin ein Nachtwächter, der in einer
Minuten schreien wird: »Zwölfe hat's g'schlag'n!« Und
die Zwölfe wird der Herr Klaus auf sein' Buckel haben.

Klaus. Hilfe! Meuterei! Blutbad! Verrat!

VIERTE SZENE

Cäcilie. Walpurga. Die Vorigen.

Cäcilie *(mit Walpurga eintretend).* Himmel, der Vater –!

Walpurga. Was is denn g'schehn?

Nachtwächter. 's is nix als ein Streit.

Klaus. Ein Meinungskrieg.

Cäcilie. Aber der Herr Nachtwächter hat die Faust ge-
ballt.

Klaus. Er spielt eine mir feindliche politische Farbe.

Nachtwächter. Der Herr Klaus wird gleich braun
und blau spielen.

Walpurga. Wär' nicht übel, die Töchter flattern als
sanfte Tauben herein –

Nachtwächter. Und die Väter stehn da im Hahnen-
kampf.

Cäcilie *(zu Klaus).* Ich hab' Ihnen den Hausschlüssel
gebracht.

Walpurga *(zum Nachtwächter).* Und ich dem Vater die
Schlafhauben.

K l a u s *(zu Cäcilie).* Du bist eine gute Tochter, die andere auch, aber – es is mir leid –

N a c h t w ä c h t e r *(zu Cäcilie).* Wenn Sie nicht die Ratsdienerische wären, hätt' ich gar nix gegen den Umgang mit meiner Tochter.

K l a u s *(zu beiden).* Meine Beziehungen zum Staat machen eure fernere Freundschaft unstatthaft.

C ä c i l i e. Was –!?

W a l p u r g a. Ich soll die Cilli nicht mehr gern haben?

N a c h t w ä c h t e r *(zu Cäcilie).* Sie haben einen absoluten Vater –

K l a u s *(zu Walpurga).* Und Sie haben einen radikalen Erzeuger –

N a c h t w ä c h t e r. Geb'n S' acht, daß S' von Radikalen kein' Radi[11] krieg'n. Komm, Tochter, ehe mich diese bureaukratische Zuwag'[12] zum zweitenmal aus der Fassung bringt. *(Geht mit Walpurga zur Mitte ab.)*

FÜNFTE SZENE

Klaus. Cäcilie. Dann Sigmund und Willibald.

K l a u s. Maßlose Kühnheit! Aber jedes Wort soll zu den höchsten Staatsohren gelangen, nämlich zum Bürgermeister seine. – Schad', daß ich nicht g'sagt hab': »Sie Esel, Sie –!« Aber die guten Gedanken kommen immer zu spät.

C ä c i l i e. Die Tochter aber kann doch gewiß nichts davor.

K l a u s. Still, unwürdiges Staatskind. *(Sigmund Siegl und Willibald Wachs treten zur Mitte ein.)*

S i g m u n d. Was bedeutet die Aufregung, in der ich dem Nachtwächter begegnete?

W i l l i b a l d. Walpurga warf mir einen traurigen Blick zu.

K l a u s *(lächelnd).* Ihnen? Glauben S', man weiß es nicht? –

W i l l i b a l d. Was?

K l a u s. Na, mir g'fallt das, wenn sich zwei Nebenbuhler so gut miteinander vertragen.

S i g m u n d. Nebenbuhler?

11. Verweis, Zurechtweisung.
12. Knochenbeilage zum Fleisch.

K l a u s. Bei der Nachtwachtrischen Tochter. – *blusterl*

W i l l i b a l d. Die hat der Alte dem Schwadroneur Ultra zugedacht. *destined*

S i g m u n d *(leise zu Cäcilie)*. Meine Cäcilie –!

C ä c i l i e *(leise)*. Gott, wenn's der Vater merkt –

W i l l i b a l d. Ich habe keine Hoffnung. –

K l a u s. Die hätten Sie auf keinen Fall, denn das is ja der Beglückte. *(Auf Sigmund deutend.)* *benefacto*

W i l l i b a l d. Bei Walpurga –? *(Beiseite.)* Der Irrtum kann meinem Freunde von Nutzen sein.

K l a u s. Sehn S', jetzt gibt er grad meiner Cilli a Post auf an sie.

S i g m u n d *(ohne zu bemerken, daß er beobachtet wird, gegen Cäcilien gewendet)*. Ach –!

K l a u s *(zu Willibald)*. Hör'n Sie 'n, wie er seufzt? *(Laut.)* Mussi[13] Sigmund!

S i g m u n d *(erschrocken sich umwendend)*. Herr Klaus –

K l a u s. 's is nichts, meine Cilli derf nicht mehr hin zu der Walperl. *(Zu Cilli.)* Geh nach Haus und sag's der Mutter, daß sie mir ja den Nachtwachter nicht mehr grüßt, wenn sie 'n begegn't.

C ä c i l i e. Gleich, Vater! Adieu! *(Mit einem schüchternen Knix Sigmund und Willibald grüßend, zur Mitte ab.)*

SECHSTE SZENE

Die Vorigen ohne Cäcilie.

K l a u s *(zu Sigmund)*. Nicht wahr, der Nachtwachter haßt nicht den Menschen, sondern den Beamten in Ihnen?

W i l l i b a l d. Rein nur um meiner ämtlichen Stellung willen feindet er mich an.

K l a u s. Ich frag' ja den! – *(Auf Sigmund zeigend.)*

W i l l i b a l d. Ja so! – Unter anderm, Herr Klaus, nicht wahr, Sie würden doch, wenn's Ernst würde, einem wirklichen Amtsaktuarius Ihre Tochter nicht verweigern?

K l a u s. O ja! Unbedingt!

---

13. Von frz. *Monsieur* zu *Musj(o)e*, in der Bedeutung unter der Anrede *Herr* stehend.

S i g m u n d. Wenn aber –

K l a u s. 's Mädl is gar nicht zum Heiraten.

W i l l i b a l d *(lachend).* Das wär' der Teufel!

K l a u s. Konträr, sie is Himmelsbraut, sie geht ins Kloster.

S i g m u n d. Wenn sie aber keine Neigung –

K l a u s. Das kommt schon, wenn s' nur einmal drin is! Sie
     is von Kindheit auf dazu bestimmt; sie war damals acht
     Jahr', und da hat meine Alte so an die Krämpf' g'litten;
     da haben wir 's kleine Madl ins Kloster verlobt, und von
     der Stund' an waren meiner Alten ihre Krämpf' wie weg'-
     blasen.

W i l l i b a l d. Na, wenn man nur weiß, was hilft.

S i g m u n d. Und deswegen soll sie ein Opfer –

K l a u s. Ich bin gewiß Bureaukrat mit Leib und Seel',
     aber *(zu Willibald)* das werden Sie doch einsehen, Him-
     melsbraut is halt doch was Höheres, als wann eine den
     schönsten Beamten kriegt. Ich richt' mich in allem nach
     dem, was mir die Ligorianer[14] sagen, das sind meine Leut'.

S i g m u n d. Willibald – mir wird so – es schnürt mir die
     Brust zusammen –

W i l l i b a l d *(ihn unterstützend).* Aber, Freund –

K l a u s *(zu Willibald).* Das is alles wegen der Nachtwach-
     terischen. Führen Sie 'n nur in die Luft, ich kann nicht
     mitgehn – ich bin dahier einem freisinnigen Bandl auf der
     Spur. *(Willibald führt Sigmund zur Mitteltüre fort.)*

K l a u s *(allein).* He, Kellner! – So viel is g'wiß, das is das
     mißvergnügte Wirtshaus, hier versammeln sie sich, hier ist
     der Herd der Revolution –! *(Zum Kellner, welcher a tempo
     unter der Türe erscheint.)* Bringen S' mir drei Paar Wür-
     steln in Garten hinaus und a Schnitzel mit Erdäpfel, nach-
     her saure Nierndln und ein Krenfleisch[15]. *(Der Kellner
     entfernt sich.)* O, ich komm' noch auf alles, was hier aus'-
     kocht wird! *(Geht in die Seitentüre rechts ab.)*

---

14. Alfons Maria di Liguori (1696–1787) gründete 1732 den Redempto-
ristenorden, der sich besonders der Fürsorge und der Erziehung widmete.
Nach seiner Ausweisung aus Warschau (1807) kam der Orden durch Kle-
mens Maria Hofbauer (1751–1820), den ersten nichtitalienischen Redempto-
risten, nach Wien. Der Orden, dessen Mitglieder nach seinem Gründer
auch »Liguorianer« genannt wurden, war sehr unpopulär, vielleicht wegen
seines großen Einflusses in Staat und Gesellschaft; vgl. S. 61, Anm. 67.

15. *Kren:* Meerrettich.

SIEBENTE SZENE

Ultra (tritt während dem Ritornell[16] des folgenden Liedes ein).

U l t r a.

Lied

1.

Unumschränkt hab'n s' regiert,
Kein Mensch hat sich g'rührt,
Denn hätt's einer g'wagt
Und a freies Wort g'sagt,
Den hätt' d' Festung belohnt,
Das war man schon g'wohnt.
Ausspioniert hab'n s' alls glei,
Für das war d' Polizei.
Der G'scheite is verstummt;
Kurz, 's war alles verdummt;
　　Diese Zeit war bequem
　　Für das Zopfensystem[17].

2.

Auf einmal geht's los
In Paris ganz kurios,
Dort sind s' fuchtig wor'n,
Und hab'n in ihr'n Zorn,
Weil s' d' Knechtschaft nicht lieb'n,
Den Louis Philipp vertrieb'n[18].
Das Beispiel war bös,
So was macht a Getös',
Und völlig über Nacht
Ist Deutschland erwacht;
　　Das war sehr unangenehm
　　Für das Zopfensystem.

16. Immer wiederkehrendes Vor-, Zwischen- und Nachspiel bei Liedern durch die instrumentale Begleitung.

17. Zeit des absolutistischen 18. Jahrhunderts, in dem zur Männermode u. a. eine Zopfperücke gehörte.

18. König Louis Philippe floh am 24. Februar 1848 aus Paris.

3.

Da fing z' denken an
Der gedrückte Untertan:
»Zum Teuxel hinein,
Muß i denn a Sklav' sein?
Der Herrsch'r is zwar Herr,
Ab'r i bin Mensch wie er;
Und kostet's den Hals –
Rechenschaft soll für alls
Gefordert jetzt wer'n
Von die großmächtigen Herrn.« –
    Da war'n s' sehr in der Klemm'
    Mit 'n Zopfensystem.

4.

Das wär' wieder verflog'n,
's Wetter hätt' sich verzog'n,
Wenn nicht etwas g'schehn wär',
Was Großartigs, auf Ehr'.
Auf einen Wink, wie von oben,
Hat sich Östreich erhob'n.
Dieser merkwürd'ge Schlag
Hat g'steckt in ein' Tag
Den Tyrannen ihr Ziel,
Verraten ihr Spiel –
    Jetzt war'n s' gänzlich Groß-Schlemm[19]
    Mit 'n Zopfensystem.

Aus dem glorreichen, freiheitsstrahlenden Österreich führt
mich mein finsteres Schicksal nach Krähwinkel her. Nach
Krähwinkel, wo s' noch mit die physische Zöpf' paradie-
ren, folglich von der Abschneidungsnotwendigkeit der
moralischen keine Ahnung haben. Nach Krähwinkel,
wo man von Recht und Freiheit als wie von chimärisch-
blitzblaue Spatzen red't. Is uns aber auch nit viel besser
gegangen, und zwar aus dem nämlichen Grund; Recht und
Freiheit sind ein paar bedeutungsvolle Worte, aber nur

aparto..

19. *Groß-Schlemm* (von engl. grand slam; Schlag): im Kartenspiel
Whist die Partei, die keinen Stich erhält.

in der einfachen Zahl unendlich groß, drum hat man sie
uns auch immer nur in der wertlosen vielfachen Zahl
gegeben. Das klingt wie ein mathematischer Unsinn und
is doch die evidenteste Wahrheit. Es is grad wie manche
Frau, die sehr viele Tugenden hat. Sie hat einen freund-
lichen Humor und brummt nicht, wenn der Mann aus-
geht – das is eine Tugend; sie hat ein gutes Herz, das ist
eine Tugend; sie bringt die fünfte Schale Kaffee schon
schwer hinunter, das is auch eine Tugend; und trotz so
vieler ihr innewohnenden Tugenden is doch Tugend bei
ihr nicht zu Haus! Grad so is's uns mit Freiheit und Recht
ergangen. Was für eine Menge Rechte haben wir g'habt,
diese Rechte der Geburt, die Rechte und Vorrechte des
Standes, dann das höchste unter allen Rechten, das Berg-
recht, dann das niedrigste unter allen Rechten, das Recht,
daß man selbst bei erwiesener Zahlungsunfähigkeit und
Armut einen einsperren lassen kann. Wir haben ferner
das Recht g'habt, nach erlangter Bewilligung Diplome von
gelehrten Gesellschaften anzunehmen. Sogar mit hoher
Genehmigung das Recht, ausländische Courtoisie-Orden
zu tragen. Und trotz all diesen unschätzbaren Rechten
haben wir doch kein Recht g'habt, weil wir Sklaven
waren. Was haben wir ferner alles für Freiheiten g'habt?
Überall auf 'n Land und in den Städten zu gewissen
Zeiten Marktfreiheit. Auch in der Residenz war Freiheit,
in die Redoutensäle nämlich die Maskenfreiheit. Noch
mehr Freiheit in die Kaffeehäuser; wenn sich ein Nichts-
verzehrender ang'lehnt und die Pyramidler[20] geniert hat,
hat der Markör laut und öffentlich g'schrien: Billard-
freiheit! Wir haben sogar Gedankenfreiheit g'habt, insofern wir die Gedanken bei uns behalten haben. Es war
nämlich für die Gedanken eine Art Hundsverordnung.
Man hat s' haben dürfen, aber am Schnürl führen! – Wie
man s' loslassen hat, haben s' einem s' erschlagen. Mit
einem Wort, wir haben eine Menge Freiheiten gehabt,
aber von Freiheit keine Spur. Na, das is anders geworden
und wird auch in Krähwinkel anders werden. Wahrschein-
lich werden dann von die Krähwinkler viele so engherzig

20. Billardspieler.

sein und nach Zersprengung ihrer Ketten, ohne gerade
Reaktionär' zu sein, dennoch kleinmütig zu raunzen an-
fangen: »O mein Gott, früher is es halt doch besser gewesen – und schon das ganze Leben jetzt – und diese
Sachen alle –«, aber das macht nichts, man hat ja selbst in
Wien ähnliche Räsonnements gehört. Und sonderbar, gerade die, die es am schwersten betrifft, verhalten sich am
ruhigsten dabei. Das sind die Hebammen und die Dichter;
für die Hebammen kann das gewiß nicht angenehm sein,
daß jetzt die Geburt nix mehr gilt, und die Dichter haben
ihre beliebteste Ausred' eingebüßt. Es war halt eine schöne
Sach', wenn einem nichts eing'fallen is und man hat zu
die Leut' sagen können: »Ach Gott! Es is schrecklich, sie
verbieten einem ja alles.« Das fallt jetzt weg, und aus
dem Grund und aus vielen andern Gründen – ah, mein
Prinzipal! –

ACHTE SZENE

Pfiffspitz. Der Vorige.

Pfiffspitz *(zur Mitte eintretend)*. Da haben wir's, im
 Wirtshaus muß ich meinen Herrn Mitarbeiter suchen, da
 ist's freilich angenehmer als im Redaktionsbureau.
Ultra. Ich bin überall gerne, wo man mir Vertrauen
 schenkt, und jedes Seitel[21], was man mir hier einschenkt,
 is verkörpertes Vertraun.
Pfiffspitz. Ich bin nicht so glücklich. Hier im »Bock«
 borgt man mir nicht für fünf Groschen.
Ultra. Ja, warum haben Sie die »Sechs Krügeln« gelobt;
 g'schieht Ihnen schon recht!
Pfiffspitz. Was will ich denn tun, wenn mir der Wirt
 einen Eimer Wein aufdringt?
Ultra. Das allein war nicht die Ursach'; machen Sie sich
 nicht schmutziger, als Sie sind. Die scheußliche Zensur, die
 Ihnen jeden vernünftigen Aufsatz streicht, hat Ihnen – da
 Sie einmal die Verpflichtung haben, Ihren Abonnenten
 kein weißes Papier zu verkaufen – keine andere Ressource

21. Hohlmaß (0,354 l), besonders für Wein.

gelassen, als heut' dieses und morgen jenes Beisel[22] auf
Kosten der übrigen herauszustreichen. Wien is gewiß viel
größer als Krähwinkel und hat gewiß viel g'scheitere
Journalisten, als Sie sind –

P f i f f s p i t z *(gekränkt)*. Herr Mitarbeiter –!

U l t r a. Auch g'scheitere, als ich bin, brauch' ich nur noch
hinzuzusetzen. Wiens Journalisten haben in den ersten
acht Tagen der Freiheit die fabelhafte Auszeichnung er-
rungen, daß die österreichischen Blätter im Auslande ver-
boten worden sind, und blättern Sie vier Monat' zurück
in diese österreichischen Blätter, so werden Sie außer ein
bisserl Theaterpolemik nichts anders finden als: »Neu-
eröffnete Gasthauslokalität« – »abermaliger Zierdezuwachs
der Residenz« – »prachtvolle Dekorierung« – »gediegener
Geschmack des Herrn Pritschelberger« – »prompte Be-
dienung durch höfliche Kellner« – zum Schluß ein serviler
Appendix[23] über »das gemütliche Glück in Wien«. – Ja, so
tief hat eine niederträchtige hohe Zensur die öffentlichen
Organe erniedrigt, also brauchen Sie sich als Ausfüller der
Krähwinkler Spalten keine Extraskrupeln zu machen.

P f i f f s p i t z. Ja, wenn sie nur ausgefüllt wären, aber da
sehen Sie her! *(Zeigt ihm einen Pack weißes Druckpapier.)*

U l t r a. Das verdammte weiße Papier! Dieser Druck in
Rücksicht des Drucks is etwas Drückendes für einen Menschen, der da lebt vom Druck.

P f i f f s p i t z. Alle Ihre Aufsätze hat man mir gestrichen.

U l t r a *(mit Selbstgefühl)*. Also hat mich meine Hoffnung
nicht getäuscht, ich hab' etwas Gutes geliefert.

P f i f f s p i t z *(trostlos)*. Aber das weiße Papier, liebster
Mitarbeiter!

U l t r a. Lassen Sie das drucken, was Sie selbst aufgesetzt
haben, das wird gewiß im Geiste der Behörde sein, *(beiseite)* das heißt, es wird gar kein' haben.

P f i f f s p i t z. Wenn ich selbst schreiben wollte, für was
bezahlte ich einen Mitarbeiter?

U l t r a. Wo steht denn das g'schrieben, daß der Mitarbeiter
der Alleinarbeiter sein soll? Aber trösten Sie sich, es muß
anders werden.

22. Gastwirtschaft.
23. *Serviler Appendix:* unterwürfiges Anhängsel.

Pfiffspitz. Woher vermuten Sie das?

Ultra. In dem klaren Gefühl, so kann's nicht bleiben, liegt uns eine Ahnungsgarantie, da steht immer schon die Zukunft als verschleierte Schönheit vor uns. Konstitution, Freiheit, Junges Krähwinkel, das alles schwebt über unsern Häuptern, wir dürfen nur greifen darnach.

Pfiffspitz. Revolution in unserm Krähwinkel? Dahin kommt es wohl nie!

Ultra. Wer sagt Ihnen das? Alle Revolutionselemente, alles Menschheitempörende, was sie wo anders in großem haben, das haben wir Krähwinkler in kleinem. Wir haben ein absolutes Tyrannerl, wir haben ein unverantwortliches Ministeriumerl, ein Bureaukratieerl, ein Zensurerl, Staatsschulderln, weit über unsere Kräfterln, also müssen wir auch ein Revolutionerl und durchs Revolutionerl ein Konstitutionerl und endlich a Freiheiterl krieg'n.

Pfiffspitz. Was tu' ich aber bis dahin mit meinen sechsunddreißig Abonnenten?

Ultra. Die Zeit is näher, als Sie glauben. Dumpf und gewitterschwanger rollt's am politischen Horizont – *(horchend)* still, ich hör' wirklich was – *(man hört rechts in Entfernung verworrene Stimmen)* da geht was vor. –

Pfiffspitz. Was denn?

NEUNTE SZENE

Klaus. Vorige.

Klaus *(in großer Erregung aus der Seitentüre rechts kommend)*. Aufruhr! Aufruhr! Krawall! –

Pfiffspitz, Ultra *(zugleich)*. Was is denn g'schehn?

Klaus. Sie haben mir den Haslinger[24] zerbrochen und »Fort, Spitzl!« hab'n s' g'sagt – »Fort, Spitzl«, das waren die frevelhaften Worte.

Pfiffspitz. Ist es möglich –?

Klaus. Am Haslinger haben sie sich vergriffen –!

---

24. Stock, Rute von der Haselstaude; Abzeichen der Polizisten, Symbol der Prügelstrafe, deren Abschaffung eine der Errungenschaften der Märzrevolution war.

U l t r a. Haslingerverachtung, erster Morgenstrahl der Frei-
heitssonne! *(Man hört Lärm von innen rechts.)*
K l a u s. Sie kommen – fort aufs Amt! – Aufruhr – Krawall! *(Rennt zur Mitteltüre fort.)*

ZEHNTE SZENE

Die Krähwinkler Bürger. Pemperl. Schabenfellner. Die
Vorigen.
(Die Krähwinkler tumultuarisch zur Seitentüre herein-
eilend.)

D i e K r ä h w i n k l e r. Wo is er? Her mit ihm!
P f i f f s p i t z. Woher diese großartige Demonstration?
D i e K r ä h w i n k l e r. Schläg' muß er auch noch kriegen!
P f i f f s p i t z. Gehn Sie nicht zu weit, meine Herren!
D i e K r ä h w i n k l e r. Schläg' ohne Gnad'! –
U l t r a. Sie haben ihm den Haslinger zerbrochen –
D i e K r ä h w i n k l e r. Ja!
U l t r a. Genügt Ihnen diese Errungenschaft oder genügt sie
Ihnen nicht?
D i e K r ä h w i n k l e r. Nein! Just nicht! Uns genügt gar
nix mehr!
U l t r a. Das ist der Moment zu einer begeisternden Rede.
(Steigt auf einen Stuhl.) Meine Herren –
D i e K r ä h w i n k l e r. Vivat!
U l t r a. Erlauben Sie – *(seine Rede beginnen wollend)*
meine Herren! –
D i e K r ä h w i n k l e r. Vivat hoch! –
U l t r a. Ich bitte – *(wie oben)* meine Herren! –
D i e K r ä h w i n k l e r. Vivat hoch! Dreimal hoch!!
U l t r a *(vom Sessel steigend)*. Der Enthusiasmus is zu groß,
von Red'halten is da keine Idee. Also gleich zur Tat!
(Zu den Krähwinklern, laut schreiend.) Auf also! Freiheit,
Umsturz! Sieg oder Tod!
D i e K r ä h w i n k l e r. Freiheit! Freiheit!
U l t r a *(entzückt zu Pfiffspitz)*. Das is unerhört für Kräh-
winkel! *(Zu den Krähwinklern.)* Also ans Werk! Her
über die Gewissen, zittern sollen sie –! Wohin wenden
wir uns? Wohin zuerst?

Die Krähwinkler. Ins Kaffeehaus!

Ultra *(etwas verblüfft)*. Wa – was denn dort –?

Pemperl. Dort wird die Verabredung zu einer großartigen Katzenmusik[25] getroffen.

Ultra. Bravissimo!

Die Krähwinkler *(jubelnd)*. Heut' abends is gran-
diose Katzenmusik. Vivat!! *(Alle stürzen zur Mitteltüre ab)*.

Ultra *(triumphierend zu Pfiffspitz)*. Hab'n Sie gehört?
Katzenmusik! Diese erste Frühlingslerche der Freiheit
wirbelt in die Luft, bald wird die Saat in vollster Blüte
stehn. *(Geht in großartiger Begeisterung zur Mitte ab.
Pfiffspitz folgt ihm kopfschüttelnd nach.)*

Verwandlung

*Bureau in der Krähwinkler Staatskanzlei, rechts und links
ein Kanzleitisch. Mitteltüre. Seitentüre rechts führt ins Kabinett des Bürgermeisters, Seitentüre links in das Kabinett
des Geheimsekretärs, des Herrn von Reakzerl Edlen von
Zopfen.*

ELFTE SZENE

Sigmund. Dann Reakzerl.

Sigmund *(in großer Hast zur Mitteltüre hereineilend)*.
Das war Todesangst – eine Minute später, und der Bu-
reautyrann kommt früher als ich, und geschehen war's
um meine Existenz. *(Hat schnell den Hut aufgehangen
und setzt sich zum Schreibtisch.)*

Reakzerl *(zur Mitte eintretend)*. Hat sich noch kein
Herr Ultra gemeldet?

Sigmund. Untertänigst, nein.

Reakzerl. Wenn er kommt, wird er sogleich ins Kabinett zu Sr. Herrlichkeit, dem Herrn Bürgermeister, geführt. Nicht wahr, Sie staunen?

Sigmund. Untertänigst, ja.   *submissive*

---

25. Mißtönendes Ständchen aus Zischen und Schreien, eine Mode der
Studenten für mißliebige Persönlichkeiten; im Revolutionsjahr von allen
Wienern als eine Form aufgegriffen, Mißbilligung kundzutun.

R e a k z e r l. Dem Mann steht eine große Karriere offen. Er sollte als unruhiger Kopf auf dem Schub fortgeschickt werden; aber ich gab Sr. Herrlichkeit zu bedenken, wie er dann im Auslande über unsere Institutionen schmähen würde. Wir werden ihn daher durch Anstellung an uns ketten und mit einem ansehnlichen Gehalt ihm das lose Maul stopfen. Auf diese Weise hat die Staatsklugheit schon manchen Demagogen unschädlich gemacht. — Was schon über drei Monate hier liegt, können Sie mir gelegentlich zur Unterschrift unterbreiten. (*Geht in die Seitentüre links ab.*)

S i g m u n d (*sich tief verbeugend*). Untertänigst, sehr wohl.

ZWÖLFTE SZENE

Willibald. Ultra. Sigmund.

U l t r a (*mit Willibald zur Mitte eintretend*). Drum sag' ich, nur reden, offen reden —

W i l l i b a l d. Da, schau her, Sigmund! (*Auf Ultra zeigend.*) Der, den ich als vermeintlichen Nebenbuhler angefeindet hab', der ist mein Freund geworden.

U l t r a. Mich in Verdacht einer Heiratsidee zu haben! Eh'stand is Sklaverei, und ich bin Freiheit durch und durch. Mein Blut is rote Freiheit, mein Gehirn is weiße Freiheit, mein Blick is schwarze Freiheit, mein Atem is glühende Freiheit —

S i g m u n d. Ich bitte, sprechen Sie nicht so laut!

U l t r a. Ich genier' mich nicht, zu reden.

S i g m u n d. Aber wir müssen uns genieren, Sie zu hören.

W i l l i b a l d. Da rechts das Kabinett Sr. Herrlichkeit, da links das Bureau des Geheimen Herrn Stadtsekretärs, des Herrn Reakzerl Edlen von Zopfen.

U l t r a. Schöne Umgebung, die Sie da haben! Und außer Ihnen sind noch viele Beamte hier?

W i l l i b a l d. Im Expedite sehr viele —

S i g m u n d. In der Registratur noch mehr!

W i l l i b a l d. Jetzt erst in der Buchhaltung!

S i g m u n d. Und beim Magistrat!

U l t r a. Wirklich, ich seh', es is auch in Krähwinkel alles
getan, um durch übertriebenes Beamtenheer die Finanzen
zu schwächen.

S i g m u n d. Wir Subalterne haben sehr kleine Gehalte.

W i l l i b a l d. Und sehr viele, wenn auch unnötige Arbeit.

U l t r a. Aber die, die nix tun, die ziehn die enormen
B'soldungen – das is wo anders auch so, und damit das
Enorme ins Himmelschreiende geht, kriegen s' noch Tafel-
gelder[26] auch dazu.

S i g m u n d *(ängstlich)*. Wir werden noch brotlos, bloß weil
wir mit Ihnen gesprochen haben. Ich bitte, hineinzuspa-
zieren. *(Öffnet die Seitentüre rechts und meldet mit einer
tiefen Verbeugung.)* Herr von Ultra! *(Ultra tritt in das
Kabinett des Bürgermeisters ein, Sigmund macht hinter
ihm die Türe zu.)*

DREIZEHNTE SZENE

Vorige ohne Ultra. Später Frau von Frankenfrey.

W i l l i b a l d. Wenn *den* der Bürgermeister umstimmt –

S i g m u n d. O, gar kein Zweifel!

W i l l i b a l d. Dann sag' ich zum Frohsinn: »Fahre hin,
du Flattersinn!« und zum Servilismus: – *(es wird geklopft)* Herein!

F r a u v o n F r a n k e n f r e y *(zur Mitteltüre eintretend)*.
Ah, meine Herren –

S i g m u n d. Meine Gnädige –

W i l l i b a l d. Wie lange wurde uns das Glück nicht zu-
teil, die interessanteste, eigentlich die einzige interessante
Frau von Krähwinkel zu sehen, die Frau, der man es auf
den ersten Blick gleich ansieht, daß sie eine Fremde, nur
durch Zufall in unser Nest Hereingeschleuderte ist.

F r a u v o n F r a n k e n f r e y. Und durch welch traurigen
Zufall!? Durch den Tod meines Gemahls –

S i g m u n d. Auf der Reise sterben ist gar etwas Unange-
nehmes.

26. Repräsentationsgelder.

Willibald. Dafür ist er in Krähwinkel gestorben, und
an einem solchen Orte, wo das Leben nichts bietet, kann
der Tod nicht besonders schwer sein.

Frau von Frankenfrey. Ich muß alsogleich mit dem
Bürgermeister sprechen.

Sigmund. In der Testamentssache?

Willibald. Das ist eine üble Geschichte; hätte wirklich
was Besseres tun können in seinen letzten Stunden, der
Herr Gemahl, als sich den Ligorianern in die Arme zu
werfen und dem Prior das Testament in die Hände zu
geben.

Frau von Frankenfrey. Ich habe aber den Inhalt
genau gelesen, das Kloster erhält nur ein Legat, und nur
für den Fall, als ich mich nicht mehr verehelichte, fällt
nach meinem Tode das andere, höchst bedeutende Vermögen den frommen Herren zu. Und nun verweigert der
Prior, das Testament meinem Advokaten einzusenden –

Willibald. Die Gründe sind begreiflich.

Sigmund. Ein Glück, daß der Herr Bürgermeister als
Zeuge unterschrieben ist.

Willibald. Das Glück ist nicht so groß; denn wenn es
auch jeden von den beiden Herren einzeln verhindert,
die gnädige Frau um das ganze Vermögen zu prellen,
so werden sie ihr um so sicherer in brüderlicher Halb-
partschaft jeder die Hälfte stehlen. Und daß der Herr
Bürgermeister noch auf eine Hälfte, nämlich auf die
reizende Witwe selbst, als Eh'hälfte spekuliert, das ist ja
eine bekannte Sache.

Frau von Frankenfrey. Eher den Tod als diesen
gemeinen, vandalistischen Finsterling!

Willibald. Und ihr stürzt nicht zusammen, ihr Mauern
dieser Staatskanzlei, ob solchen Frevelworten?!

Sigmund (horchend). Täusch' ich mich nicht –? Ein Wort-
wechsel im Kabinette Sr. Herrlichkeit –

VIERZEHNTE SZENE

Bürgermeister. Ultra. Vorige.

U l t r a *(erzürnt aus der Seitentüre rechts kommend).* Kein
    Wort weiter, ich will nix mehr hören!

B ü r g e r m e i s t e r *(ihm folgend).* Aber, mein Herr –

U l t r a. Für was halten Sie mich? Mir den Antrag zu
    machen, ich soll Zensor werden! Das ist zu stark!

B ü r g e r m e i s t e r. Sind Sie denn wahnsinnig? Ich glaub',
    Sie wissen gar nicht, was ein Zensor ist!

U l t r a. Das weiß ich nur zu gut! Ein Zensor is ein mensch-
    gewordener Bleistift oder ein bleistiftgewordener Mensch,
    ein fleischgewordener Strich über die Erzeugnisse des Gei-
    stes, ein Krokodil, das an den Ufern des Ideenstromes la-
    gert und den darin schwimmenden Literaten die Köpf'
    abbeißt.

B ü r g e r m e i s t e r. Welche Sprache?! Das ist unerhört in
    Krähwinkel!

U l t r a. Ich glaub's, weil's um hundert Jahr z'ruck seids,
    und diese Sprache ist noch keine vier Monat' alt. In dieser
    neuen Sprach' sag' ich Ihnen jetzt auch, was die Zensur is.
    Die Zensur is die jüngere von zwei schändlichen Schwe-
    stern, die ältere heißt Inquisition. Die Zensur is das le-
    bendige Geständnis der Großen, daß sie nur verdummte
    Sklaven *treten*, aber keine freien Völker *regieren* kön-
    nen. Die Zensur is etwas, was tief unter dem Henker
    steht, denn derselbe Aufklärungsstrahl, der vor sechzig
    Jahren dem Henker zur Ehrlichkeit verholfen[27], hat der
    Zensur in neuester Zeit das Brandmal der Verachtung
    aufgedrückt.

B ü r g e r m e i s t e r *(wütend).* Herr! Wenn's nicht zu hoch
    käm', für Sie ließ' ich extra eine Festung bauen, gegen die
    der Spielberg[28] nur ein chinesisches Lusthaus wär'.

F r a u v o n F r a n k e n f r e y *(mit Entrüstung zum Bür-
    germeister, indem sie vortritt).* So möchten Sie das freie
    Wort belohnen?

    27. Indem der Henker in der frz. Revolution das Volk von den adeli-
gen Unterdrückern befreite, versah er ein nützliches Amt im Dienste des
Fortschritts; sein Beruf galt nicht mehr als ehrenrührig.
    28. Staatsgefängnis in der Festung des Brünner Schloßberges.

Bürgermeister *(frappiert)*. Meine Verehrteste – Charmanteste – *(Zu Sigmund und Willibald.)* Warum hat man mir nicht gemeldet –?

Frau von Frankenfrey *(zu Ultra)*. Sie haben mir aus der Seele gesprochen, Sie sind mein Mann!

Ultra. Ich bin Ihr Mann?

Frau von Frankenfrey. Das heißt nämlich – ich meinte –

Ultra. Das Mißverständnis is so schön, daß ich auf gar keine Entschuldigung dringe.

Bürgermeister *(zu Frau von Frankenfrey)*. Ist es gefällig, in mein Kabinett zu spazieren? –

Ultra *(zu Frau von Frankenfrey)*. Da drin werd'n Anstellungen aus'teilt – wer weiß – die verstorbene Frau Bürgermeisterin is tot –

Bürgermeister *(wütend)*. Mensch –!

Ultra. Hätten Sie mir einen anderen Namen gegeben, so hätt' ich g'sagt: »Selber einer!«, aber so –

Frau von Frankenfrey *(zu Ultra)*. Hielten Sie mich für fähig –?

Bürgermeister. Ich bitte – *(Will sie nach der Seitentüre rechts führen.)*

Frau von Frankenfrey. Ich bin gekommen, Ihnen zum letzten Male zu sagen, daß Ihre Umtriebe in betreff meines Vermögens –

Bürgermeister. Hier ist nicht der Ort – *(Führt sie nach seinem Kabinett ab.)*

Ultra. Die Bureau-Jünglinge sollen nicht erfahren, was sie für einen Chef haben –

Bürgermeister *(sich an der Türe umwendend, zu Sigmund)*. Fertigen Sie diesem propagandistischen Ausländer einen Laufpaß aus, in zwei Stunden muß er das Weichbild von Krähwinkel im Rücken haben. *(Geht in die Seitentüre rechts ab.)*

FÜNFZEHNTE SZENE

Ultra. Sigmund. Willibald.

U l t r a. Das Weichbild im Rücken? Das ist ein hartes Urteil.
W i l l i b a l d. Was liegt Ihnen denn soviel an Krähwinkel?
U l t r a. An Krähwinkel gar nix, aber alles an dieser un-
   bekannten Dame, die mich ganz damisch macht. Wie sie
   g'sagt hat: »Sie sind mein Mann!« – merkwürdig, wie
   mich da alle Wonnen des Eh'stands durchschauert haben.
   O, er hat Recht, jener populäre Philosoph, wenn er so
   klar sagt, daß das Sein nur ein Begriffsaggregat mit mar-
   kierten   elektromagnetisch-psychologisch-galvanoplasti-
   schen Momenten ist.
W i l l i b a l d. Ihr Zustand scheint bedenklich! Was wollen
   Sie tun?
U l t r a. Den Bürgermeister stürzen und auf den Trümmern der Tyrannei den Krähwinklern ein' Freiheitsdom
   und mir einen Hymentempel bauen! Das is gewiß eine
   schöne Unternehmung.
S i g m u n d. Ich muß Ihnen aber laut Befehl Sr. Herrlich-
   keit – und bei uns steht immer die Existenz auf 'n Spiel
   – einen –
U l t r a. Einen Laufpaß geben. Sagen Sie, Sie haben's ge-
   tan –
S i g m u n d. Aber zu meiner Legitimation –
U l t r a. Tragen Sie nur das Nötige g'schwind ein in Ihr
   Buch.
S i g m u n d *(sich zum Schreibtisch setzend).* Name –
U l t r a. Eberhard Ultra.
S i g m u n d. Geburtsort –
U l t r a. Deutscher Bund[29].
S i g m u n d. Alt –
U l t r a. Vierthalb Monat'.
S i g m u n d. Was –?
U l t r a. Keine Stund' älter; so alt is die Freiheit, und das
   Frühere rechn' ich für nix.

29. 1815 haben sich im *Deutschen Bund* alle Monarchen der deutschen
Staaten vereinigt – gegen das Volk. Mit der Gründung wurde der Keim
zur Revolution gelegt, die 1848 fast gleichzeitig in Österreich, Preußen
und einigen kleineren Staaten begann.

S i g m u n d. Augen –
U l t r a. Dunkel, aber hellsehend.
S i g m u n d. Nase –
U l t r a. Freiheitsschnuppernd.
S i g m u n d. Mund –
U l t r a. Wie ein Schwert.
S i g m u n d. Statur –
U l t r a. Mittlere Barrikadenhöhe.
S i g m u n d. Besondere Kennzeichen –
U l t r a. Unruhiger Kopf.
S i g m u n d. Charakter –
U l t r a. Polizeiwidrig! – Jetzt haben Sie alles. *(Zu Willibald.)* Und jetzt sagen Sie mir, Freund, wie kann ich dem Bürgermeister hinter seine Regierungsschliche kommen, denn ich möcht' vorläufig mit List gegen ihn operieren, bis es Zeit is zum Gewaltstreich. Wem schenkt er sein Zutrauen?
S i g m u n d. Niemandem als dem Geheimen Ratsdiener Klaus.
U l t r a. Und zu wem hat der sein Zutrauen?
W i l l i b a l d. Zu niemandem als zu den Ligorianern.
U l t r a. Das is mir schon genug.
W i l l i b a l d. Wie aber wollen Sie unerkannt hier verweilen?
U l t r a. Wie anders als verkleidet? Und dazu müssen Sie mir behilflich sein. Sie sehn, wie ich auf Ihre Freundschaft baue.
W i l l i b a l d. Glücklicherweise kann ich Ihnen hierin – das trifft sich herrlich – voriges Jahr konnte hier ein armer Theaterprinzipal den Pacht nicht bezahlen. Seine Herrlichkeit ließen ihm die Garderobe pfänden.
U l t r a. Damit sich der arme Teufel auch weiter nichts verdienen kann.
W i l l i b a l d *(zu Ultra).* Zu dieser Garderobe kann ich Ihnen behilflich sein.
U l t r a. Sehen Sie, wie der Weltlauf immer nemesiserln[30] tut. Seine eigene Schandtat liefert mir die Waffen gegen ihn. Sie begleiten mich jetzt, nicht wahr?

30. Wortschöpfung Nestroys; abgeleitet von Nemesis, der griech. Göttin der Gerechtigkeit und Vergeltung.

Sigmund *(zu Willibald).* Ich werde dich beim Herrn
von Reakzerl als unpäßlich entschuldigen.

Willibald *(zu Sigmund).* Tu das! – *(Zu Ultra.)* Kommen Sie! –

Ultra. Noch eins. *(Zu Sigmund.)* Wenn Sie die reizende
Witwe sehn, so sag'n Sie ihr, wie Krähwinkel frei is, so
werd' auch ich so frei sein und sie an gewisse Worte erinnern. Sie hat gesagt: »Sie sind mein Mann«, – sagen Sie
ihr, daß ich in diesem Punkt keinen Spaß versteh'. Sie hat
es vor Zeugen zu mir gesagt, so was is sehr delikat, ich
glaub', sie is es meinem Ruf als Jüngling schuldig, daß
sie mir am Altar gelegentlich ihre Rechte reicht. *(Geht mit
Willibald zur Mitte, Sigmund in die Seitentüre links ab.)*

Verwandlung

*Wohnzimmer des Ratsdieners Klaus. Im Hintergrund steht
ein altes Kanapee. Keine Mitteltüre, sondern nur rechts und
links eine Seitentüre, von welchen beiden die rechts der allgemeine Eingang ist, die links in die Küche führt.*

SECHZEHNTE SZENE

Klaus. Emerenzia.

*Es ist Abend. Klaus kommt mit einem Pack Zeitungen aus
der Seitentüre links mit Emerenzia, welche Licht bringt und
auf den Tisch stellt.)*

Klaus. Ich sag' dir's, Alte, es is a so und nicht anders; so
wie vor siebzehn Jahr'n die Cholera, grad so geht jetzt
die Freiheit herum.

Emerenzia. Mein Gott, wenn s' uns heimsuchet, könnt'
s' dir was tun?

Klaus. Na, ob! Die Freiheit packt immer zuerst das alte
Ministerium, dazu gehör' ich offenbar, und so dürfte ich
als eins der ersten Opfer fallen.

Emerenzia. Na, sei so gut und mach' mich in meine
alten Täg' zur Witib.

Klaus. Hier is nicht von dem ordinären Tod, sondern
von dem Verlust des Einflusses, von meiner Stellung zum

Staat die Rede. Die Verhältnisse könnten mich zwingen zu abdizieren[31]. Das is für uns Große keine Kleinigkeit.

E m e r e n z i a. Was hast denn da für Zeitungen? –

K l a u s. Lauter östreichische. Ich trau' mir s' gar nicht z' lesen. Nein, wie wir uns in dem Östreich alle getäuscht haben, das is schauderhaft!

E m e r e n z i a. Sollen tun, was s' wollen, bis nach Krähwinkel dringt d' Freiheit doch nit.

K l a u s. Wenn uns etwas bewahren kann vor dieser Pest, so sind's die Ligorianer. Auf diese frommen Herren bau' ich noch meine einzige Hoffnung. *(Es wird geklopft.)*

SIEBZEHNTE SZENE

Ultra. Vorige.

E m e r e n z i a. Klopft hat wer – herein!

U l t r a *(als Ligorianer kostümiert, tritt zur Seitentüre rechts ein).* Memento mori! Appropinquat pater fidelis animarum fidelium[32].

K l a u s *(mit freudigem Staunen).* Ein fremder geistlicher Herr!

E m e r e n z i a. Wir küssen 's Kleid. –

U l t r a. Der Herr Klaus kennt mich nicht? –

K l a u s. Hab' noch nicht die hohe Ehre gehabt. Der Pater Severin kommt manchesmal her –

E m e r e n z i a. Der Pater Ignatius –

U l t r a *(mit frommem Entzücken).* Von Loyola!

K l a u s. Der Pater Thomas –

U l t r a. Ich bin der Pater Fidelius.

K l a u s. Unendliche Auszeichnung – Alte, einen Sessel –

U l t r a. Wenn der Herr Klaus die andern kennt, so kennt er mich auch, wir sind alle auf einen Schlag. Mich schickt der Pater Prior. Es handelt sich um das Seelenheil des Herrn Bürgermeisters.

K l a u s. Das is freilich keine Kleinigkeit. –

U l t r a. Drum wünscht' ich unter vier Augen –

31. Abdanken.
32. (lat.) Gedenke des Todes! Es naht der treue Vater (Hüter) der treuen Seelen.

K l a u s. Alte! – *(Emerenzia entfernt sich auf seinen Wink.)*
U l t r a. Er verschweigt uns manches aus weltlichen Rück-
sichten, er macht Umtriebe –
K l a u s. Das tut er, ja, aber alles im Einverständnis mit 'n
Pater Prior.
U l t r a. Zur größten Ehre Gottes und zum Ruhm des
heiligen Ignatius von Loyola. Der Pater Prior schickt mich
nun mit dem Auftrag, der Herr Klaus soll mir alles sagen,
was er weiß, damit wir kontrollieren können, ob uns der
Bürgermeister wirklich alles vertraut.
K l a u s. Es is ein einziges – das is halt so was Wichtiges –
das hat er nicht einmal dem Pater Prior g'sagt! – Müssen
mich aber nicht verraten!
U l t r a. Ein Jesuit und Verrat –?
K l a u s. Freilich, da hat man gar kein Beispiel. Also sehen
Sie, die Sache is die! – Wir haben die vorige Wochen ein
hohes Reskript[33] kriegt, ein abscheulichs hohes Reskript.
Mehrere europäische Großmächte waren unterzeichnet,
als: Lippe-Detmold, Rudolstadt, Reiß-Greiz-Schleiz, nur
Rußland is mir ab'gangen, das is mir gleich aufg'fallen.
U l t r a. Und der Inhalt?
K l a u s. War eine Konstitution für Krähwinkel, die der Herr
Bürgermeister augenblicklich hätt' proklamieren sollen.
U l t r a. Was er natürlich wohlweislich unterlassen hat.
K l a u s. Na, ich glaub's! Freiheit is ja was Schreckliches.
Seine Herrlichkeit sagt immer: Der Regent is der Vater,
der Untertan is a kleins Kind, und die Freiheit is a scharfs
Messer.
U l t r a. Das is die wahre Ansicht, ich weiß genug. Von
meinem Besuch muß der Herr Klaus weder dem Bürger-
meister noch meinen geistlichen Brüdern was sagen.
K l a u s. Schon recht, strengstes Geheimnis! Jetzt erlauben
aber Euer Hochwürden, daß ich Ihnen meine Alte aufführ'.
(Zur Seitentüre rufend.) Kannst schon wieder einigehn.
(Stellt ihm Emerenzia vor.) Das ist die Gattin meiner
Wahl[34], das heißt, gewesen, jetzt nehmet ich s' nicht mehr.

---

33. Amtliche Verfügung.
34. Literarische Anspielung auf Müllners *Schuld* (I 9; Vers 480 ff.):
»Es durchzuckt mich wie ein Strahl, Und der Gatte meiner Wahl /
Kommt mir wie ein Raubtier vor . . .«

U l t r a. Ah, freut mich!
E m e r e n z i a. Ich küss's Kleid. –
K l a u s. Vorigs Jahr hätt' ich s' bald verloren. –
U l t r a. O, da wär' ewig schad' gewesen, also hat die Frau
    sterben wollen?
K l a u s. Nein, sie hat wollen zu die Büßerinnen gehn, der
    Pater Prior aber hat g'sagt, es is nicht nötig, er wüßt' nit,
    für was?
U l t r a. Da hat er recht gehabt. – Still! *(Horchend.)* Habt
    ihr nichts gehört, gute Leute?
K l a u s. Der Wind geht draußten so stark.
U l t r a. Das wird's sein. Unter andern, ihr habt ja auch
    eine Tochter?
K l a u s. Freilich! Cilli! Cilli! Wo steckst denn? *(Öffnet
    die nach der Küche führende Türe.)*
E m e r e n z i a. Sie is schon eine halbete Himmelsbraut.
U l t r a. Ah, das schlägt ja in unser Fach!

ACHTZEHNTE SZENE

Cäcilie. Vorige.

K l a u s. Da schau her, a geistlicher Herr ist da –
C ä c i l i e *(sehr schüchtern)*. Ich küss's Kleid.
U l t r a. Warum denn? Lieber die Hand, so –! *(Reicht ihr
    die Hand zum Kusse.)*
E m e r e n z i a. Diese Auszeichnung!
K l a u s. 's Mädel kommt zum Handkuß[35], das is a Freud'
    für die Eltern.
U l t r a *(zu Cäcilie)*. Bis wann gedenken Sie den frommen
    Beruf –?
C ä c i l i e. Ach Gott, ich weiß nicht – *(Man vernimmt in
    weiter Ferne die Töne einer Katzenmusik.)*
U l t r a *(horchend)*. Was is das –?
K l a u s. Jetzt hör' ich selber was. *(Man vernimmt die Töne
    etwas lauter als zuvor.)*
U l t r a *(beiseite)*. Richtig, 's geht schon los.

35. *Zum Handkuß kommen:* in eine unangenehme Lage kommen; hier
eine unsaubere Anspielung.

K l a u s. Das is ja grad' wie ein Rumor –

E m e r e n z i a. Ich krieg' die Krämpf' –

U l t r a. Ich muß eilen. Benedicat vos Dominus in aeternum[36]! *(Eilt zur Seitentüre rechts ab.)*

K l a u s. Kommen der geistliche Herr nur gut nach Haus!

NEUNZEHNTE SZENE

Die Vorigen ohne Ultra.

E m e r e n z i a *(händeringend)*. Mann, um alles in der Welt, was wird das werd'n? – *(Man hört fortwährend in Entfernung die Töne der Katzenmusik.)*

K l a u s. Revolution, reine Revolution!

E m e r e n z i a. Gott steh' uns bei! –

C ä c i l i e. Wenn nur den Beamten nichts g'schieht! – *(Neuerdings Katzenmusik.)*

K l a u s. Hört ihr s' singen, die höllischen Heerscharen der Freiheit –?! *(Man hört in der Szene links stark an eine Fensterscheibe klopfen.)*

E m e r e n z i a *(aufschreiend)*. Ach, sie brechen ein bei uns! Hilfe! Räuber! Mörder! *(Sinkt in einen Stuhl. Das Klopfen wiederholt sich.)*

C ä c i l i e. Nein, nein – das Klopfen klingt ängstlich! – Es is einer, der Hilf' sucht.

K l a u s. Mir scheint selber, du hast recht!

C ä c i l i e. Am End' ist's gar ein Beamter –! *(Läuft zur Seitentüre links ab.)*

K l a u s. Was sich denn das Madl so um die Beamten abängstigt! *(Zu Emerenzia.)* Alte, komm zu dir, es kommt wer zu uns! –

E m e r e n z i a. Au weh! – Mann, du wirst es sehn, es is a Halunk' –

C ä c i l i e *(zurückkommend, in größter Eile)*. Der Herr Bürgermeister kommt!

E m e r e n z i a. Ist's möglich –?! } *(zugleich)*

K l a u s. Seine Herrlichkeit –!?

36. (lat.) Der Herr segne euch in Ewigkeit!

ZWANZIGSTE SZENE

Der Bürgermeister. Die Vorigen.

B ü r g e r m e i s t e r *(ist im Schlafrock und hat nur einen Mantel darüber geworfen und eine graue Filzkappe auf den Schirm über das Gesicht herabgezogen).* He, Klaus – wo ist Er denn?

K l a u s. Euer Herrlichkeit –

B ü r g e r m e i s t e r. Das ist heillos.

E m e r e n z i a. Der hohe Besuch! – Und 's is nicht ausge-rieben[37] bei uns! –

B ü r g e r m e i s t e r. Klaus, ich bin außer mir!

K l a u s. Was is's denn, Euer Herrlichkeit?

B ü r g e r m e i s t e r. Das Entsetzlichste ist geschehen, der Krähwinkler Jüngste Tag bricht an, alle verstorbenen Bürgermeister drehen sich in die Gräber herum – man hat mir eine Katzenmusik gemacht, man macht sie mir noch – hört Er? – *(Man vernimmt die Töne eben wieder etwas lauter.)*

K l a u s. Gräßlich –! Mit was machen s' denn das?

B ü r g e r m e i s t e r. Da ist das ganze Orchester der Hölle losgelassen; was Krähwinkel je an Konzerten gehört, verschwindet in ein Nichts dagegen, das kreischt und tobt und trommelt und schnarrt, pfeift, braust, rasselt und klirrt – es macht den Kopf zur geladenen Bombe, die am Ende platzen muß.

E m e r e n z i a. Gott steh' uns bei! –

B ü r g e r m e i s t e r. Ich habe mich durch ein Hinterpfört-lein geflüchtet. Hier vermutet mich niemand, ich werde bei Ihm übernachten, Klaus!

K l a u s. Diese Ehre –!

E m e r e n z i a *(trostlos).* Und nicht ausgerieb'n!

K l a u s. Mein' Alte legt sich zu der Cilli ins Kammerl, und ich leg' mich in d' Kuchel hinaus.

B ü r g e r m e i s t e r. Ich werde mich auf diesem Kanapee durch ein paar Schlummerstündlein erquicken.

K l a u s. Ich werde Euer Herrlichkeit die Duchent[38] und die Kopfpölster von meiner Alten bringen.

37. *Ausreiben:* scheuern, putzen, saubermachen.
38. Daunendeckbett.

B ü r g e r m e i s t e r. Nein, Klaus! Ich will gar nichts,
durchaus nichts als Ruhe.
K l a u s. Na, vielleicht – *(Leise zu Emerenzia.)* Wenn nur
nicht den ganzen Tag deine Pintscherln auf dem Kanapee liegeten! *(Laut.)* Gute Nacht, Euer Herrlichkeit!
C ä c i l i e *und* E m e r e n z i a. Untertänigste ruhsame
Nacht! *(Klaus, Emerenzia, Cäcilie entfernen sich mit zere-
moniösen Verbeugungen zur Seitentüre links.)*

EINUNDZWANZIGSTE SZENE

Bürgermeister (allein).

B ü r g e r m e i s t e r. Ich glaube, der aufrührerische Krawall läßt nach. Ohne Zweifel ist Rummelpuff mit der
Gewalt der Waffen eingeschritten. – Ich werde mein re-
gierungsmüdes Haupt zur Ruhe legen – *(macht sich's auf
dem Kanapee bequem)* und damit ich nichts davon höre,
wenn's allenfalls nochmals losgehen sollte, ziehe ich mir
den Mantel hoch – hoch über die Ohren. *(Hat sich zur
Ruhe gelegt und verhüllt sich ganz in den Mantel. Nach
einer kleinen Pause beginnt im Orchester leise charakte-
ristische Musik, welche, unruhige, beängstigende Träume
schildernd, immer stärker wird. Nach einer Weile, während welcher man den Bürgermeister die Bewegungen eines
unruhigen Schlafes machen sieht, hebt sich ein Teil der
Rückwand, an welcher das Kanapee steht; man sieht einen
Wolkenvorhang, welcher sich ebenfalls erhebt und den
Traum des Bürgermeisters in einem Tableau[39] darstellt.
Man sieht nämlich den Moment, wo im Hofe des Wiener
Landhauses ein auf dem Brunnen stehender Redner die
versammelte Menge zur Erringung der Freiheit aufruft.
Nach einer Weile endet die Vision[40]. Die Wand schließt*

---

39. Wirkungsvoll gruppiertes Bild.
40. Das Bild stellt die Geburtsstunde der Wiener Revolution (13. März
1848) dar. Die Studenten bringen ihre Petition ins Landhaus. Während
drinnen beraten wird, werden im Hof anfeuernde Reden gehalten, die
Pressefreiheit, Vereinsrecht, allgemeine Bewaffnung und Konstitution
fordern. – Am Nachmittag fallen in den vom Volk besetzten Straßen
die ersten Schüsse.

sich, die Musikbegleitung im Orchester hört auf. Der Bür-
germeister erwacht.)

B ü r g e r m e i s t e r *(stöhnend).* Ah, wo bin ich –? Oh!
(Sich ermunternd.) Gott sei Dank, 's war nur ein Traum!
– Klaus – Klaus! Aber schrecklich, schrecklich ist so ein
Traum!

ZWEIUNDZWANZIGSTE SZENE

Klaus. Der Vorige.

K l a u s *(zur Seitentüre links hereineilend, in seinem frü-*
heren Anzuge, nur mit einer Schlafhaube). Was is's denn,
Euer Herrlichkeit, is was g'schehn?
B ü r g e r m e i s t e r. Viel – sehr viel – oder eigentlich
nichts – ich schlafe sehr unruhig auf diesem Kanapee.
K l a u s *(beiseite).* Kann mir's denken!
B ü r g e r m e i s t e r. So abscheuliche Träume –
K l a u s. Von was denn?
B ü r g e r m e i s t e r. Von Freiheit, nichts als Freiheit!
K l a u s. Was uns die Freiheit martert –! Ich weiß, was ich
tu', ich setz' sie in die Lotterie.
B ü r g e r m e i s t e r. Narr!
K l a u s. Warum? »Freiheit« hat drei schöne Nummern:
dreizehn, fünfzehn und sechsundzwanzig[41]. Übrigens ist
das nur im ersten Schlaf; und der Ort macht viel –
B ü r g e r m e i s t e r. Freilich, kein Wunder, wenn man in
der Nähe einer Katzenmusik von Freiheit träumt.
K l a u s. Ich bin wieder in einer andern Lag'; ich schlaf'
unter 'n Herd, mir haben lauter Schwabenstückeln[42] traumt.
(Geht zur Seitentüre links ab.)

41. Am 13. März Ausbruch der Revolution; am 15. Mai wurde die
Zurücknahme der oktroyierten Pillersdorfschen Verfassung, Änderung
des Wahlrechts und Anerkennung des ersten Reichstags erzwungen; am
26. Mai Bau der Barrikaden als Antwort auf die angeordnete Aufhebung
der Akademischen Legion. – Das Ministerium muß nachgeben, als sich
der »Sicherheitsausschuß« aus Studenten- und Arbeiterschaft bildet und
als revolutionäre Behörde entscheidenden Einfluß ausübt.
42. Wortspiel aus *Küchenschabe* (Ungeziefer) und *Schwabenstreich.*

DREIUNDZWANZIGSTE SZENE

Bürgermeister (allein).

B ü r g e r m e i s t e r . Vielleicht hab' ich jetzt einen bessern oder, was das beste wäre, gar keinen Traum. *(Verhüllt sich wie früher, nachdem er sich auf das Kanapee gelegt, und schläft ein. – Im Orchester hat eine leise Musikbegleitung begonnen, welche, wie oben, nach unruhigem Schlummer, den folgenden Traum charakteristisch vorbereitet. Nachdem sich, wie früher, die Wand und der Wolkenvorhang gehoben, sieht man im Tableau den Moment der Sturmpetition vom 15. Mai auf dem Hofplatz dargestellt. Nach einer Weile endet die Vision[43], die Wand schließt sich, die Musikbegleitung im Orchester hört auf, der Bürgermeister erwacht.)* Klaus! Klaus!! – Das ist nicht auszuhalten – wenn so was je in Krähwinkel vorkommen sollte – Klaus – Klaus!!

VIERUNDZWANZIGSTE SZENE

Klaus. Bürgermeister.

K l a u s *(hereinstürzend).* An wieviel Ecken brennt's?
B ü r g e r m e i s t e r . Nirgends als in meinem Kopf – aber ich halt' es nicht aus – die Träume werden immer schrecklicher – beängstigender –
K l a u s . Doch nicht wieder von Freiheit?
B ü r g e r m e i s t e r . Von was sonst? Es wird immer ärger, ich schlafe von heut' an gar nicht mehr.
K l a u s . Wär' nicht übel! Nein, nein, mir fallt ein Mittel ein. Um diese Freiheitsvisionen loszuwerd'n, legen sich Euer Herrlichkeit was Schwarzgelbes unter 'n Kopf, da kommen gleich andere Traumbilder.

---

43. Zweiter Traum: Am 14. Mai 1848 ließ der Minister des Inneren, Baron von Pillersdorf, dem politischen Zentralkomitee den Befehl zukommen, sich aufzulösen. Darüber entstand unter Arbeitern und Studenten ungeheure Erregung; in einer Sturmpetition wurde am 15. Mai die Zurücknahme des Befehls erzwungen. Unter dem Eindruck dieser Vorgänge verließ der Kaiser am 17. Mai die Residenz. Am 25. Mai widerrief die Regierung die Zugeständnisse, am 26. Mai wurden die Barrikaden gebaut, am 27. Mai bewilligte die Regierung alles von neuem.

Bürgermeister. Ja, wo nehm' ich jetzt was Schwarzgelbes her?
Klaus. Da haben Euer Herrlichkeit die »Wiener Zeitung«. *(Zieht ein Blatt »Wiener Zeitung«[44] aus der Tasche
und breitet es auf der Kopfseite des Kanapees aus.)* So,
und setzen wir den Fall, es kommt in Krähwinkel zu was—
Bürgermeister. Das wär' schauderhaft –
Klaus. Nein; ich kenn' die Krähwinkler – man muß sie
austoben lassen; is der Raptus[45] vorbei, dann werd'n s'
dasig[46], und wir fangen s' mit der Hand. Da woll'n wir's
hernach erst recht zwicken, das Volk. *(Geht Seitentüre
links ab.)*

FÜNFUNDZWANZIGSTE SZENE

Bürgermeister (allein).

Bürgermeister. Er hat nicht so ganz unrecht – und
geht's nicht durch eigne Kraft, so gibt's ja auch noch
fremde Hilfe – hm, hm, der Gedanke ist nicht schlecht
– so muß es gehen. – *(Sich wieder zur Ruhe legend.)*
Wart' nur, du Volk, du sollst mir nicht über den Kopf
wachsen, du Volk, du –! *(Hüllt sich in seinen Mantel und
schläft ein. Im Orchester beginnt leise Musik, welche nach
und nach einen höchst behaglichen Traum charakterisiert,
die Wand öffnet sich, wie früher, ebenso der Wolkenvorhang, die Musik geht plötzlich in einen russischen
Triumphmarsch über, und man sieht des Bürgermeisters
Traum im Tableau. Auf einer Seite knien die Krähwinkler
Bürger, auf der andern steht eine dem Bürgermeister ganz
ähnliche Gestalt mit einem russischen General Arm in Arm
unter einem Triumphbogen. Im Hintergrunde sieht man
Kosaken ansprengen und russische Grenadiere, welche die
Knute schwingen. Nach einer Weile schwindet das Traum-
bild[47], der Bürgermeister drückt im Schlaf die größte Behag-
lichkeit aus.)*
              Der Vorhang fällt.

44. Offizielles Regierungsorgan; schwarz-gelb waren die Farben der
österreichischen Monarchie.
45. (lat.) Anfall von Raserei.
46. Eingeschüchtert, nachgiebig.
47. Dritter Traum: Auf Rußland setzten die Reaktionäre ihre Hoffnung.

ZWEITER AKT

Saal im Hause des Bürgermeisters. Mittel- und Seitentüren

ERSTE SZENE

Sigmund (allein).

S i g m u n d. Ich bin in großer Besorgnis für meinen Freund; er hat sich herbeigelassen, den Dolmetsch vorzustellen. Wenn nur Seine Herrlichkeit den Betrug nicht merkt! Da ist der Nachtwächter, der die stumme Rolle des Leibeigenen übernommen, weit weniger in Gefahr.

ZWEITE SZENE

Sperling. Rummelpuff. Der Vorige.

S p e r l i n g *(mit Rummelpuff eintretend)*. Es ist so, wie ich Ihnen sage, Herr Stadtkommandant, unsere gute Stadt genießt bereits die hohe Auszeichnung, einen russischen Fürsten in ihren Mauern zu haben.

R u m m e l p u f f. Warum hat man mir das nicht früher gesagt? Wieder die Gelegenheit zu einer Ausrückung versäumt! Auf diese Art wird Rußland nie zu einer richtigen Schätzung der Krähwinkler Militärmacht gelangen.

S p e r l i n g. Schade! Sie hätten Seiner Durchlaucht bis an die Stelle, wo in hundert Jahren der Krähwinkler Bahnhof erbaut werden dürfte, entgegendefilieren und bedeutend Hochdieselben auf dieses großartige Werk der Zukunft aufmerksam machen können.

R u m m e l p u f f. Fatal! Die Parade wäre großartig geworden. Ich an der Spitze einer Kompagnie von vier Grenadieren, dann unmittelbar das Jägerbataillon, bestehend aus acht Schützen; nach Entwicklung dieser imposanten Massen hätte das Aufmarschieren des ersten und letzten Krähwinkler Infanterie-Regiments von neunzehn

Mann den Mangel an Kavallerie auf eine glänzende
Weise gedeckt.
S i g m u n d *(hat an der Seitentüre rechts gelauscht).* Seine
Herrlichkeit, der Herr Bürgermeister –

DRITTE SZENE

Bürgermeister. Die Vorigen.

B ü r g e r m e i s t e r *(aus Seitentüre rechts kommend, nach
gegenseitiger zeremonieller Begrüßung).* Ich bin hocher-
freut, die Großen meines Reiches versammelt zu sehen.
Es gibt viele Große, aber Sie, meine Herren, sind die
Größten – *(Niest.)*
R u m m e l p u f f. Zur Gesundheit! –
S p e r l i n g. Zur Genesigkeit!
B ü r g e r m e i s t e r. Danke! *(Fortfahrend.)* Die Größten,
die Krähwinkel aufzuweisen hat.
S p e r l i n g. Wie gütig!
R u m m e l p u f f *(salutierend).* Der Mann des Verdienstes
fühlt sich und schweigt.
B ü r g e r m e i s t e r *(zu Rummelpuff).* Ihnen vor allem
muß ich danken für die energische Auseinandersprengung
des Pöbelauflaufes verflossener Nacht –
R u m m e l p u f f. Wurde mir leider erst heute morgens
gemeldet.
B ü r g e r m e i s t e r. Wie –?
S p e r l i n g. Die Herstellung der Ruhe ist mir durch Vor-
lesung eines meiner poetischen Erzeugnisse: »Ode an den
Bundestag[48]« gelungen. Gleich die ersten Verse waren hin-
reichend, die erhitzten Gemüter zum schleunigen Nach-
hausegehen zu bewegen.
B ü r g e r m e i s t e r. Also wirklich, Sie –?
S p e r l i n g. Die Macht der Poesie ist wunderbar.
B ü r g e r m e i s t e r. Zur Sache, meine Herren! Wir sind
eben im Begriffe, einen Gesandten Rußlands zu emp-
fangen –

48. Die Vertretung des *Deutschen Bundes*, des vom Wiener Kongreß
1815 geschaffenen Staatenbundes. Seine Verhandlungen waren wegen
ihrer Schwerfälligkeit und geringen praktischen Bedeutung Gegenstand
satirischer Kritik.

S p e r l i n g. Werde nicht ermangeln, diesen welthistorischen Moment mit einer Unzahl Sonette – vorläufig habe ich nur ein kleines Gedichtchen verfaßt, um es Seiner Durchlaucht auf dem Rückweg ins Hotel zu überreichen. Es ist ein Impromptu an die Knute. Euer Herrlichkeit erlauben! *(Er entfaltet eine rosenrote Papierrolle und liest vor.)*

>»O Knute, o Knute!
>Die schwingen man tute,
>Machst Wirkung sehr gute
>Bei frevelndem Mute.
>Was dem Kinde die Rute,
>Ist dem Volke die Knute;
>Du stillest die Wute
>Rebellischem Blute.
>Das alles, das tute
>Die Knute, die Knute!
>Weshalb ich mich spute,
>In einer Minute
>Poetischer Glute
>Schrieb ich an die Knute
>Dies Gedichtchen, dies gute.«

B ü r g e r m e i s t e r. Trefflich, erhaben! Viel Schwung!

S p e r l i n g. Ich möchte es ins Tscherkessische übersetzen und den Bergvölkern am Kaukasus vorlesen lassen.

R u m m e l p u f f. Was ist das für ein Kasus, der Kaukasus?

S p e r l i n g. Gütigster Musengott, das ist ja –

S i g m u n d *(in der Mitteltüre).* Sie kommen schon!

B ü r g e r m e i s t e r. Herr Sperling, ich erlaube Ihnen, das Wort zu führen. *(Stellt sich mit Rummelpuff und Sperling in Positur.)*

VIERTE SZENE

Ultra. Willibald. Nachtwächter. Die Vorigen.
(Ultra ist karikiert in altrussischem Nationalkostüm als Fürst, Willibald als Dolmetsch, der Nachtwächter als Leibeigener gekleidet.)

U l t r a *(mit furchtbar struppigem Haar und Bart zur Mitteltüre eintretend).* Schöngrussi, bulldoggi, Burgoma-

strow. *(Sigmund entfernt sich, wie die Fremden einge-*
treten sind.)
S p e r l i n g *(auf den Bürgermeister zeigend).* Seine süd-
westliche Herrlichkeit sind entzückt über die nordische
Ehre –
B ü r g e r m e i s t e r *(zu Sperling).* Ich muß einige diplo-
matische Worte fallen lassen. *(Zu Ultra.)* Ist es nicht
gefällig, Platz zu nehmen? –
U l t r a. Nixi sitzi –
S p e r l i n g. Es wäre nur wegen der Austragung des
Schlafes[49]. *(Sich an Willibald wendend.)* Seine Durch-
laucht verstehn doch Deutsch?
W i l l i b a l d *(durch Haar und Bart unkenntlich gemacht,*
mit etwas verstellter Stimme). Verstehen sehr gut, sprechen
jedoch fast nur Russisch.
B ü r g e r m e i s t e r *(zu Ultra).* Darf ich um den erlauchten Namen bitten?
U l t r a. Fürst Knutikof Sybiritschefsky Tyrannsky Abso-
lutski.
B ü r g e r m e i s t e r *(zu Sperling und Rummelpuff).* Das
muß schon einer von die ersten dortigen Fürsten sein.
U l t r a *(auf Willibald zeigend).* Den da Dollmetschki,
(zum Nachtwächter) den da Leibeignski.
B ü r g e r m e i s t e r *(beiseite).* Ich begreife nicht, woher ich
so gut Russisch versteh'. *(Laut zu Ultra.)* Diese Leib-
eignen sind wirklich eine schöne Erfindung.
U l t r a *(zum Nachtwächter).* Iwanof Kuschku!
N a c h t w ä c h t e r *(fällt, die Arme über die Brust kreu-*
zend, vor Ultra auf die Knie).
U l t r a *(zieht eine Knute aus dem Gürtel).* Taki strixi
patoki[50]. *(Gibt dem Nachtwächter ein paar Streiche.)*
(Nachtwächter küßt den Saum von Ultras Kleid, dann die
Knute und tritt wieder zurück.)
W i l l i b a l d. Dies ist der Charakter unserer ganzen Na-
tion.
B ü r g e r m e i s t e r. Schicksal, warum hast du keinen rus-
sischen Bürgermeister aus mir gemacht!?
U l t r a. Ah, passionski regierski Volkski despotski.

49. Redensart, wenn jemand sich nicht setzen will.
50. *Strixi:* Schlag, Hieb; etwa: Ich gebe dir ein paar Streiche.

Willibald *(zum Bürgermeister).* Jetzt zum Zweck unserer Sendung. Der Zar, der immer sein Hauptaugenmerk auf Krähwinkel richtet, weiß, daß revolutionäre Staaten Ihnen ein Reskript –

Bürgermeister. Ich bitte – *(leise zu Willibald)* die Anwesenden sind nicht eingeweiht –, ich habe das Reskript gebührendermaßen unterdrückt.

Willibald. Der Zar wünscht aber zur größeren Sicherheit, daß Sie es in die Hände des Fürsten übergeben.

Ultra. Verbrennski Proklamazki Constituzki.

Bürgermeister. Werde sogleich die Ehre haben. *(Eilt in die Seitentüre rechts ab.)*

FÜNFTE SZENE

Die Vorigen ohne Bürgermeister.

Sperling *(leise zu Rummelpuff).* Was für ein Staatsgeheimnis da obwalten mag?

Rummelpuff. Egal! Die Diplomatie ist nicht mein Feld, ich kann hier nichts tun als durch gemessene Haltung fortwährend imponieren.

Ultra *(nachdem er halblaut einige russische Worte zu Willibald gemurmelt, schließt mit dem Worte).* Aristokratitschef.

Sperling *(zu Willibald).* Was wünschen Se. Sibirischen Gnaden?

Willibald. Seine Durchlaucht werden den Zar dahin vermögen, daß er die beiden Herren in die hohe Aristokratie einverleibt. – *(Zu Sperling.)* Sie heißen –?

Sperling. Sperling Edler von Spatz.

Ultra. Nix da! – Fürst Spatzikof!

Sperling. O Wonne! Ins Wappen werde ich um eine von der Knute sanft umschlungene Lyra bitten.

Willibald *(zu Rummelpuff).* Und Ihr werter Name?

Rummelpuff. Rummelpuff.

Ultra. Nix da! – Fürst Rummelpuffkitschef!

Rummelpuff. Ich war stets für den Zar und würde nie, um keinen Preis, die Offensive gegen Rußland ergriffen haben.

SECHSTE SZENE

Bürgermeister. Die Vorigen.

B ü r g e r m e i s t e r *(mit einer Pergamentrolle aus Seitentüre rechts kommend).* Hier ist das Bewußte! *(Übergibt
selbe an Ultra.)*

U l t r a. Taki papierloxi kapitalski[51]!

B ü r g e r m e i s t e r. Wenn Sie nach Petersburg kommen –

S p e r l i n g. So sagen Durchlaucht dem Zaren – *(leise zum
Bürgermeister)* wir sind zu Fürsten vorgemerkt!

B ü r g e r m e i s t e r *(erstaunt, leise).* Was –?!

S p e r l i n g *(wie oben).* Ihnen kann der Herzogtitel nicht
fehlen.

B ü r g e r m e i s t e r *(wie oben).* Ha!

S p e r l i n g *(fortfahrend zu Ultra).* Wenn wir so viel Huld
und Gnade je vergessen könnten, so schicke man uns allsogleich nach Sibirien auf den Zoberlfang[52].

U l t r a. Gutti, Servutschi. *(Will gehen.)*

SIEBENTE SZENE

Sigmund. Die Vorigen.

S i g m u n d *(zur Mitte hereineilend).* Euer Herrlichkeit,
eben meldet man, daß vor dem Rathause ein unge-
heuerer Krawall losgebrochen.

B ü r g e r m e i s t e r *(erzürnt).* Was?! Fähnrich Rummelpuff, treiben Sie die Ruhestörer auseinander, sammeln
Sie Ihre Truppen!

R u m m e l p u f f. Wo werden die Kerls wieder stecken?

S p e r l i n g *(zu Rummelpuff).* Versuchen Sie es anfangs
mit Güte, es sind ja doch Menschen.

R u m m e l p u f f. Menschen? Warum nicht gar! Der
Mensch fängt erst beim Baron an[53]!

U l t r a *(ihn freundlich auf die Achsel klopfend).* Bravi-
dschi Zopfski Aristokratski! *(Alle gehen zur Mitte ab.)*

51. *Papierloxi, papierln:* jemanden zum besten haben; etwa: Ich habe
dich auf kapitale Weise hinters Licht geführt.
52. *Zoberl:* Wortspiel mit Zobel. *Zoberl* ist ein Schimpfwort für ein
»leichtes Mädchen«.
53. Dieser Ausspruch soll vom Fürsten Windischgrätz (1787–1862), dem
Unterdrücker der Wiener Revolution, stammen.

Verwandlung

Platz in Krähwinkel. Im Vordergrunde rechts zieht sich das Haus des Bürgermeisters mit einem praktikablen Balkon in einer Breite von zwei oder drei Kulissen.

ACHTE SZENE

Sigmund.

S i g m u n d *(allein, aus dem Haus des Bürgermeisters tretend).* Welchen Einfluß werden diese Bewegungen auf die Existenz der Beamten haben? – Was liegt mir im Grunde an meiner Existenz, da ich leider keine Hoffnung habe, sie je mit Cäcilien teilen zu können! *(Bleibt tiefsinnig stehen.)*

NEUNTE SZENE

Klaus. Der Vorige.

K l a u s *(aus dem Hintergrunde links auftretend).* Mich kriegen s' nicht mehr dran; wie wo ein Krawall is, geh' ich fort. Daß s' mir etwan wiederum ein' Haslinger zerbrecheten! Um den wär' mir gar leid, er is dicker und hat viel ein' schönern Schwung als der andere. – *(Sigmund von rückwärts ansehend.)* Was is denn das für ein niedergeschlagener Subaltern –? *(Ihn erkennend.)* Ah, der Mussi Siegl –

S i g m u n d *(sich aufrichtend).* Herr Klaus – Sie hier –?

K l a u s. Freilich! Sie sollen nur revoltieren, der Rummelpuff wird ihnen's schon zeigen. Aber schaun S', weil wir grad vieraugig z'samm'kommen – Ihnen muß ich ein' guten Rat geben.

S i g m u n d. Und der wäre?

K l a u s. Heiraten S'! Diese Liebessehnsucht tut Ihnen nicht gut. 's Madl hat Ihnen g'wiß gern.

S i g m u n d. Unendlich! Aber der Vater –

K l a u s. Der is ein Esel –

S i g m u n d. Glauben Sie?

K l a u s. Mehr noch, er is mein Feind. Ich weiß es, daß Sie
die Nachtwachterische lieben.

S i g m u n d *(in die Enge getrieben)*. Sie sind im Irrtum.

K l a u s. Laugnen Sie's nicht!

S i g m u n d. Wenn ich Sie versichere, ich liebe eine andere.

K l a u s. Lirumlarum! Übrigens, ich verlang' kein Geständ-
nis; lieben Sie, wen Sie wollen. – *(Beiseite.)* Ich weiß doch,
daß es kein' andere als die Nachtwachterische Walpurgerl
is. *(Zu Sigmund.)* Ich sag' Ihnen nur, warum sollen denn
Sie und 's Madl unglücklich werd'n wegen so einem
bockbeinigen Sakrawalt[54]?

S i g m u n d. Der Vater hat einen andern Plan mit ihr.

K l a u s. Weiß es; dem Lumpen, dem Ultra, will er s' geben.

S i g m u n d. Ach nein!

K l a u s. Na ja, richtig, Sie woll'n's nicht eing'stehn. – Alles
eins, mit ein' Wort, da nutzt nix, Sie müssen durchgehn
mit ihr.

S i g m u n d. Den Rat geben Sie mir?

K l a u s. Als Amtsperson sollt' ich nicht – aber wissen S',
ich hab' einen Pick auf den alten Narren!

S i g m u n d. Und wenn ich drauf einginge, wohin sollt'
ich mit ihr?

K l a u s. Na, an was immer für einen anständigen Ort, zu
einer Frau wohin, wo sie bleibt, bis die Heirat –

S i g m u n d. Da wär's wohl am besten, zur Frau von
Frankenfrey.

K l a u s. Sein Sie so gut mit der? *(Warnend.)* Sie, die heirat't ja der Bürgermeister. Diese Bekanntschaft bringt
Ihnen entweder um Ihr kleines Amt oder verhilft Ihnen
zu einem großen.

S i g m u n d. Ah, schweigen Sie! Meine Ideen sind ja einzig
und allein – *(seufzend)* es ist jedenfalls umsonst, meine
Geliebte ist ein zu fromm erzogenes Mädchen; sich von
mir ohne Wissen ihres Vaters in ein fremdes Haus bringen zu lassen – darein willigt sie nun und nimmermehr.

K l a u s. Da fallt mir was ein! Ich lass' Ihnen nicht aus –
ich muß ihm einen Schur antun[55], dem g'wissen Vatern,
dem –! B'stellen Sie 's Madl wohin, in a Gassen oder in

---

54. Eigensinniger, rechthaberischer Mensch.
55. *Schur antun:* jemandem einen Streich spielen.

ein' Garten, da hol' ich's ab und führ's zu der Frau von
Frankenfrey. Ich bin ein g'setzter Mann in Amt und
Würden, mir wird sie doch folgen.
S i g m u n d. Oh, Ihnen ganz gewiß!
K l a u s. Na also! Und mir g'schieht ein G'fallen, denn ich
hab' schon lang' a Passion auf den alten Esel. Sie brau-
chen mir also nur den Tag und die Stund' zu sag'n.
S i g m u n d. Da kommen Leut', wir wollen dort das Wei-
tere besprechen. *(Geht mit Klaus hinter dem Hause ab.)*

ZEHNTE SZENE

*Pemperl. Schabenfellner. Mehrere Krähwinkler (treten von
links im Vordergrunde auf).*

S c h a b e n f e l l n e r *(rechts in den Hintergrund schau-
end).* Mir scheint, sie haben sich schon beim Schopf.
P e m p e r l. Ja, ja, es muß schon zur gegenseitigen Tri-
schakung[56] gekommen sein.
D i e K r ä h w i n k l e r *(neugierig).* Schaun wir hin! –
S c h a b e n f e l l n e r. Aber nur vorsichtig!
P e m p e r l. Fürcht'st dich schon, Kürschner, daß du eins
auf 'n Pelz kriegst? *(Zu den übrigen.)* Kommts, so was
sieht man nicht alle Tag'. *(Alle wollen nach dem Hintergrund rechts ab.)*

ELFTE SZENE

*Frau Pemperl. Frau Schabenfellner. Frau Klöppl. Mehrere
Krähwinklerinnen. Die Vorigen.*

D i e K r ä h w i n k l e r i n n e n. Halt! Halt, Männer, halt!
F r a u P e m p e r l. Wo wollts denn hin?
P e m p e r l. A bisserl Revolution anschaun.
F r a u P e m p e r l. Na, sei so gut, daß dir was g'schicht. –
F r a u S c h a b e n f e l l n e r *(zu ihrem Mann).* Du
gehst gleich z' Haus!
S c h a b e n f e l l n e r. Nein, Weiberl, auf a fünf Minu-
ten muß ich hinschaun.

56. Prügelei.

P e m p e r l. Wer weiß, wann wieder a Revolution is!
F r a u P e m p e r l. Nix da!
S c h a b e n f e l l n e r. Mich brächt' d' Neugier um zu
    Haus!
D i e M ä n n e r. Wir müssen hin!
D i e F r a u e n. Dageblieben!
D i e M ä n n e r. Um kein G'schloß[57]! Die Revolution müs-
    sen wir sehn! *(Alle rechts ab.)*

ZWÖLFTE SZENE

Die Vorigen ohne die Männer.

F r a u P e m p e r l. 's sind doch schreckliche Waghäls', die
    Männer.
F r a u K l ö p p l. Ich bin froh, daß der Meinige schon tot
    is – wie leicht könnt' ihm da was g'schehn bei der
    G'schicht'!
F r a u P e m p e r l. Die Ängsten, die man aussteht!
F r a u S c h a b e n f e l l n e r. Der Meinige soll sich
    g'freun, wenn er nach Haus kommt! *(Leise Musik, den
    Aufruhr charakterisierend, beginnt und wird nach und
    nach stärker.)*
F r a u K l ö p p l. Der Tumult zieht sich da her!
D i e F r a u e n. Himmel, was wird das werden!?
F r a u P e m p e r l. Wann meinem Mann was g'schicht,
    kehr' ich ganz Europa um. *(Die Musik wird ganz laut und
    geht in folgenden Chor über.)*

DREIZEHNTE SZENE

*Nachtwächter. Pemperl. Schabenfellner. Krähwinkler Bür-
ger. Volk. Vorige.
(Krähwinkler Bürger mit verbundenen Köpfen, Gesichtern,
andere den Arm in der Schlinge usw. werden unter Ächzen
und Stöhnen von den nichtverwundeten Krähwinklern aus
dem Hintergrunde vorgeführt.)*

57. Schloß; stehende Redensart.

Chor der Verwundeten.
> Au weh, au weh!
> O je, o je!
> Wir sind ganz weg,
> Voll blaue Fleck',
> Voll Dippeln[58] d' Stirn,
> Wir g'spürn kein Hirn,
> O je, o je! –
> Au weh, au weh!

(Sämtliche Krähwinklerinnen sind mit ängstlicher Sorgfalt um ihre verwundeten Männer beschäftigt, welche sich dem Hause des Bürgermeisters gegenüber lagern.)

Frau Pemperl *(zu Pemperl)*. Mann, wie schaust du aus!? Die Dippeln auf 'n Kopf!

Pemperl *(ächzend)*. Solche hab' ich noch nie gehabt.

Nachtwächter. Mir hab'n s' die Zähn' eing'schlagen, aber das macht nix, jetzt wird erst recht bissig g'red't!

Frau Schabenfellner. Das soll dem Bürgermeister auf der Seel' brennen!

Pemperl. Und wenn ich noch was getan hätt', aber gar nix als zug'schaut!

Nachtwächter *und* Schabenfellner. Das is schändlich!

Alle *(durcheinander)*. Tyrannei! Barbarei!

Nachtwächter *(auf die sich öffnende Balkontüre im Bürgermeisterhause sehend)*. Da schauts her, er zeigt sich noch vor 'm Volk!

Alle. Der Bürgermeister?

Frau Pemperl. Da sollten s' doch aufstehn, die Gefallenen.

Pemperl. Nix da, wir bleiben liegen.

Nachtwächter. Justament, er soll's sehen, was er ang'richt't hat! *(Allgemeines Gemurre.)*

---

58. Beulen.

VIERZEHNTE SZENE

Bürgermeister. Sperling. Ein Ratsherr. Die Vorigen.
(Der Bürgermeister tritt, von Sperling und einem Ratsherrn
begleitet, auf den Balkon.)

S p e r l i n g *(an das Volk)*. Ich bitte sämtlich um Ruhe,
  Seine Herrlichkeit spricht, hört ihm zue!

B ü r g e r m e i s t e r. Meine lieben Krähwinkler! Da ich
  dazu ausersehen bin, an eurer Spitze zu stehen, hab' ich
  euch stets nach Möglichkeit stumpf zu machen gesucht.
  Und nur, weil ihr auf einmal eine Schneid' kriegt habt,
  so war ich genötigt, euch die Spitze zu bieten. Ich wün-
  sche sehnlichst, daß das beklagenswerte Mißverständnis[59]
  zwischen mir und meinen lieben Krähwinklern –

N a c h t w ä c h t e r *(beiseite)*. Wenn er nochmals sagt:
  »Liebe Krähwinkler«, so rutscht mir was aus!

B ü r g e r m e i s t e r *(fortfahrend)*. Baldigst gelöst und die
  alte Ordnung und Eintracht –

N a c h t w ä c h t e r *(beiseite)*. Und Niederträchtigkeit –

B ü r g e r m e i s t e r *(fortfahrend)*. Und Ruhe zurückkeh-
  ren tun möge. *(Man hört inner der Szene im Hintergrunde*
  rechts Vivatgeschrei.)

A l l e. Was is das –!?

FÜNFZEHNTE SZENE

Klaus. Die Vorigen.

K l a u s *(atemlos herbeistürzend)*. Eure Herrlichkeit –! Ein
  Ereignis –! Ein neues Blatt Weltgeschichte! Es is einer
  angekommen!

A l l e. Wer??

K l a u s. Ein Abgesandter von der europäischen Freiheits-
  und Gleichheits-Kommission[60]!

59. Anspielung auf das vielverhöhnte Plakat mit der Aufschrift: »Ein
Mißverständnis! Der König will das Beste!«, durch das der König von
Preußen das Volk über die Schüsse gegen die demonstrierende Menge am
19. März 1848 zu beruhigen suchte.
60. Neben der allgemeinen satirischen Bedeutung hat dieser Auftritt
eine Spitze gegen den Volksdichter Friedrich Kaiser, der am 15. März zu
Pferde dem Volk die Konstitution zu verkünden hatte.

B ü r g e r m e i s t e r . Trägt er die dreifarbige Farbe[61]?
K l a u s . Nein, die siebenfarbige wie der Regenbogen –
S p e r l i n g . Das scheint die kosmopolitische Farbe zu sein.
K l a u s . Er und sein Schimmel sind alle zwei voll siebenfarbigen Fahnen, Fahndln und Bändern! Alles jubelt, trompet't und schreit Vivat!

SECHZEHNTE SZENE

Ultra. Krähwinkler. Volk. Die Vorigen.
(Das Volk kommt mit Vivatgeschrei, Hüte und Mützen schwenkend, auf die Bühne, dann Trompeter und Pauker, einen Marsch spielend, hinter diesen reitet Ultra als europäischer Freiheits- und Gleichheitskommissär. Er ist phantastisch mit siebenfarbigen Bändern geschmückt und trägt statt Federn Fahnen auf dem Hut, in der Linken eine große siebenfarbige Fahne, in der Rechten die Pergamentrolle, die er als russischer Fürst dem Bürgermeister abgelockt; der Schimmel, welchen er reitet, ist in ähnlicher Weise geschmückt. Vor dem Hause des Bürgermeisters angelangt, hält er an und entfaltet die Pergamentrolle. Tusch von Trompeten und Pauken.)

U l t r a . Ich verkünde für Krähwinkel Rede-, Preß- und sonstige Freiheit; Gleichgültigkeit aller Stände; offene Mündlichkeit; freie Wahlen nach vorhergegangener Stimmung; eine unendlich breite Basis, welche sich erst nach und nach auch in die Länge ziehen wird, und zur Vermeidung aller diesfälligen Streitigkeiten gar kein System.
B ü r g e r m e i s t e r . Ah!! *(Fällt in Ohnmacht, Sperling und der Ratsherr fangen ihn auf.)*
A l l e . Vivat!! Vivat!! *(Unter Jubelgeschrei, Trompeten- und Paukenschall zieht sich der Zug nach dem Hintergrunde der Bühne.)*
Der Vorhang fällt.

61. Schwarz-Rot-Gold: die Farben der Revolution.

Zweite Abteilung: Die Reaktion

DRITTER AKT

Salon in der Wohnung der Frau von Frankenfrey

ERSTE SZENE

Frau von Frankenfrey. Frau von Schnabelbeiss. Frau Pemperl. Frau Schabenfellner. Walpurga. Babette. Adele. Herr von Reakzerl Edler von Zopfen. Sperling Edler von Spatz. (Die Gesellschaft konversiert, die Frauen sitzen auf Kanapee und Fauteuils, die beiden Herren machen den Damen die Cour. Die Mädchen sind miteinander im Gespräch begriffen.)

R e a k z e r l *(zu Frau von Frankenfrey)*. Und Sie sollten wirklich keinen besonderen Zweck damit verbinden, meine Gnädige?

F r a u v o n F r a n k e n f r e y. Womit?

R e a k z e r l. Mit dem splendiden Dejeuner[62], womit Sie uns bewirtet haben?

F r a u v o n F r a n k e n f r e y. Ihre angenehme Gesellschaft zu genießen – ist das nicht Zweck genug? Und wenn Sie einen besonderen wollen, so wäre es *der*, Ihre allerseitigen Äußerungen über die neue Gestaltung der Verhältnisse zu vernehmen.

B a b e t t e. Da verstehn wir wohl gar nichts.

A d e l e. Von solchen Verhältnissen nämlich –

F r a u v o n S c h n a b e l b e i s s. Ach, die Politik! Die leidige Politik!

W a l p u r g a. Ich hör' gar kein anders Wort zu Haus.

F r a u P e m p e r l. D' Politik ließ' ich noch angehn, aber die Freiheit!

A d e l e *(entzückt)*. Es ist etwas Herrliches um die Freiheit!

62. (frz.) Frühstück, Mittagessen.

F r a u   v o n   S c h n a b e l b e i s s . Ob du schweigen wirst!?
Du weißt gar nicht, was das ist.

S p e r l i n g . Als Poet hab' ich nichts gegen die Freiheit,
sie gewährt den Dichtern ein weites Feld zur Tummlung
ihrer Pegasusse.

R e a k z e r l . Der Staatsmann muß sie unbedingt verdam-
men; denn alles faselt jetzt schon von Menschenrechten,
der subalterne Beamte sogar wagt Äußerungen, wenn er
sich malträtiert fühlt.

F r a u   P e m p e r l . Die Freiheit is einmal das, was die
Männer ruiniert.

F r a u   S c h a b e n f e l l n e r . Wie die s' benutzen! Wer
kann ihnen nachgehn auf jede Wacht? 's Nachhauskom-
men haben sie sich ganz g'wöhnt.

F r a u   P e m p e r l . Heute haben s' a Sitzung, morgen a
Katzenmusik, den andern Tag ein Verbrüderungsfest; und
so oft ich den Meinigen ans Herz drucken will, sagt er, er
muß patrouillieren gehn.

A d e l e . Mir gefallen die Männer erst, seitdem sie alle
Säbel tragen. Wenn erst Studenten hier wären!

F r a u   v o n   S c h n a b e l b e i s s . Sprichst du schon wieder
von Dingen, die du nicht verstehst?

S p e r l i n g . Mir hat die Freiheit ein kleines Gedichtchen
entlockt, welches ich mich berufen fühle der Gesellschaft
mitzuteilen. *(Liest aus einem Blättchen Papier.)*

An die Freiheit

> Ei, ei!
> Wie sind wir so frei!
> Das ist uns ganz neu,
> Sonst nur Sklaverei,
> Jetzt Freipresserei,
> Volksregiererei, –
> Drum Jubelgeschrei,
> Wie sind wir so frei!
> Ei, ei! Ei, ei!

Es ist unmöglich, über diesen großartigen Gegenstand etwas Zarteres zu schreiben.

R e a k z e r l . Herr von Sperling, solche Gedichte dürften
Seine Herrlichkeit in hohem Grade mißbilligen.

ZWEITE SZENE

Ultra. Die Vorigen.

U l t r a *(in seiner natürlichen Gestalt zur Mitte hereintre-
tend, zu Frau von Frankenfrey).* Gnädige Frau, ein Ultra,
der keinen Absolutismus außer dem der Liebenswürdig-
keit anerkennt, legt sich Ihnen zu Füßen.

R e a k z e r l *(beiseite).* Der hier –? Der Radikale –

F r a u   v o n   F r a n k e n f r e y. In dieser mir von Ihnen
zuerteilten Machtvollkommenheit verurteile ich Sie für
Ihre Saumseligkeit –

U l t r a. Zu was Sie wollen, denn ich bin des Pardons gewiß, wenn ich Ihnen Ursache und Resultat meiner Ver-
spätung sage.

R e a k z e r l. Sie wagen es, in Krähwinkel zu erscheinen?
Sie, den der Herr Bürgermeister ausgewiesen?

U l t r a. Ja, das war noch vor der Freiheit, da haben die
Bürgermeister noch die Leute ausgewiesen; jetzt danket
mancher Gott, wenn er sich selbst ordentlich ausweisen
könnt'!

R e a k z e r l *(drohend).* Herr, halten Sie Ihre Zunge im
Zaume!

U l t r a. Das hab' ich in früheren Zeiten nicht immer getan, jetzt is schon gar keine Idee!

R e a k z e r l. Frau von Frankenfrey, ich begreife wirklich
nicht, wie Sie in Ihrem Hause, welches sogar der Herr
Bürgermeister beehrt, einem Menschen Zutritt gestatten –

U l t r a. 's is wahr, der Bürgermeister und ein Mensch
kommen ins selbe Haus, is halt a g'mischte Gesellschaft.

R e a k z e r l *(mehr gegen Frau von Frankenfrey).* Dieselbe Bemerkung hab' ich früher schon im stillen gemacht,
als ich unter den Damen sogar die Nachtwächterstochter
erblickte.

U l t r a. Hören Sie, die is ein braves Mädl, Sie beleidigen
also nur die übrigen, wenn Sie da etwas Gemischtes
herausfinden wollen.

F r a u   v o n   S c h n a b e l b e i s s *(böse).* Mein Herr, ich
bitt' mir's aus, meine Tochter ist auch dabei, und eine
Geheimratstochter wird doch gegen eine Nachtwächter-
tochter ein etwas immenser Unterschied sein.

alpurga *(gekränkt)*. Ich hab' mich ja nicht aufgedrungen.

rau von Frankenfrey *(zu Walpurga, welche die anderen Mädchen freundlich trösten)*. Beruhigen Sie sich!

rau von Schnabelbeiss *(noch aufgebrachter, zu Ultra)*. So weit sind wir noch nicht mit der Gleichheit. Mein Seliger war Geheimer Rat, und ich werd' Ihnen schon noch zeigen, was eine Geheime Rätin ist.

ltra. Schaun Sie, erstens muß ich Ihnen sagen, für eine Geheime Rätin schreien Sie viel zu stark. Und dann is – Gott sei Dank – die Zeit vorbei, wo das »Geheimer Rat« eine Auszeichnung war. Ein guter ehrlicher Rat darf jetzt nicht geheim sein, 's ganze Volk muß ihn hören können, sonst is Rat und Ratgeber keinen Groschen wert.

rau von Schnabelbeiss. Das ist zu arg!! Luft –! Ich ersticke –!

eakzerl *(drohend zu Ultra)*. Sie führen eine Sprache –, Herr, trauen Sie mir nicht!

Ultra. Gewiß nicht; Sie sind Reaktionär, und denen is nie zu trauen! Übrigens sag' ich Ihnen, Sie verzopfter Kanzleimann, wenn Sie glauben –

in Bedienter *(ohne Livree, zeigt sich anmeldend an der Türe)*. Der Herr Bürgermeister kommt.

eakzerl *(beiseite)*. Dem Schlingel bleibt auch schon die »Herrlichkeit« im Halse stecken.

Ultra *(zieht sich zurück)*.

DRITTE SZENE

Bürgermeister. Die Vorigen.

ürgermeister *(zu Frau von Frankenfrey)*. Ich komme, Ihnen zu verkünden, welchergestalt ich am heutigen und morgigen Tage zwei Feste sondergleichen zu feiern gedenke. Eins werden Sie ahnen, holde Braut!

rau von Frankenfrey. Daß ich das nicht bin und nie sein werde, hab' ich Ihnen oft genug erklärt, Herr Bürgermeister!

ürgermeister. Ihre Widersetzlichkeit wird Ihnen so

wenig als den Krähwinklern die ihrige nützen. Heute i
der Tag der Rache, der Triumph der Reaktion.

Frau von Frankenfrey. Wie das –?

Bürgermeister. Wir werden mit einer furchtbare
Heeresmacht über die Krähwinkler herfallen; Komma:
dant Rummelpuff ist tätig gewesen, hat in der Umg
bung über zwanzig Mann Verstärkung geworben. Dies
Armeekorps, mit unserer Besatzung vereint, wird d
Krähwinkler Rebellen zu Paaren treiben. (Zu den Frauen
Wenn Sie keine Witwen werden wollen, so raten Sie
Ihren respektiven Männern, zu Hause zu bleiben.

Sperling. Wann dürfte dasjenige losgehen, was man de
Teufel nennt? –

Bürgermeister. Heute nachmittag um die halbdrit
Stunde.

Frau von Frankenfrey. Und ist das alles so gewiß

Bürgermeister. So gewiß ich morgen in der elfte
Vormittagsstunde die reizende Witwe Frankenfrey zu
Altare führe.

Frau von Frankenfrey. Ihre Zuversicht fängt a
mich zu beleidigen.

Bürgermeister. Im schlimmsten Falle: gleichviel!

Frau von Frankenfrey. Wer gibt Ihnen da
Recht –?

Bürgermeister. Die Macht! Ich bin die Macht un
mache das Recht. Als eine ihr Glück von sich Stoßend
sind Sie einer Wahnsinnigen gleichzustellen. Wahnsinnig
bevormundet das Gesetz, ich bin das Gesetz, folglich Ih
Vormund, und als solcher nicht der erste, der seine wide
spenstige Mündel zur Heirat zwingt. Es bliebe Ihnen nu
der traurige Ausweg, der großen Erbschaft vom selige
Gemahl verlustig werden zu wollen.

Frau von Frankenfrey. Ich werde mir das Testa
ment –

Bürgermeister. Sie wissen, daß es in den Händen de
Pater Prior ist, der es nur in die meinigen geben wird.

Ultra (vortretend). Muß um Entschuldigung bitten, e
hat es bereits in meine Hände ausgeliefert. (Allgemein
Bewegung des Staunens.)

Bürgermeister (erstarrt). Wie!? Was!? Der hier –

Ultra *(es an Frau von Frankenfrey übergebend)*. Und jetzt wird es in den rechten sein.

Frau von Frankenfrey. Ist es ein Traum –!?

Bürgermeister *(wütend)*. Diebstahl ist es, Einbruch, Kirchenraub!

Ultra. Da muß ich Ihnen doch den Preis sagen, um welchen mir's der Pater Prior gegeben hat.

Bürgermeister *(staunend)*. Um einen Preis?

Ultra. Ich hab' ihn in Berücksichtigung seines Alters durch das hintere Pförtlein entschlüpfen lassen, bevor noch in dieser Stunde das ganze Konvent von die frommen Herren gesäubert wird.

Bürgermeister. Wer unterfängt sich das? Wer?

Ultra. Jemand, der vieltausendmal mehr is als wir alle zwei miteinand', das Volk!

Bürgermeister *(wütend)*. Ha, so will ich doch sehen, ob mein Ansehn die Aufrührer nicht bändigen kann! *(Stürzt grimmig fort.)*

Frau von Schnabelbeiss, Frau Pemperl, Frau Schabenfellner. Euer Herrlichkeit –! Die Gefahr –! Euer Herrlichkeit –! *(Eilen ihm in großer Besorgnis mit Sperling nach.)*

Reakzerl *(triumphierend)*. Macht nur Krawall, bringt die Verwirrung aufs höchste, dadurch steigen die Aktien der Reaktion! *(Rasch zur Mitte ab.)*

VIERTE SZENE

Frau von Frankenfrey. Ultra. Walpurga. Adele. Babette.

Frau von Frankenfrey *(zu Ultra)*. Meinen Dank zu gelegener Zeit, jetzt –

Ultra. Jetzt handelt sich's, wenn auch nur um Krähwinkler-, doch um Völkerglück, und ich fürchte, ich fürchte, Krähwinkel is nicht Wien, nicht Paris, nicht Berlin. Werden sie hier die nötige Ausdauer haben? Und dann is noch ein Übelstand –

Frau von Frankenfrey. Welcher? –

Ultra. Krähwinkel hat keine Studenten.

Frau von Frankenfrey. Da könnte ich vielleicht
    Rat schaffen –
Ultra *(mit einem Anflug von Eifersucht)*. So –?
Adele. Ach, das wär' schön! –
Babette. Im Ernst?
Adele. Ach, nur Studenten!
Ultra. So angenehm mir das als Patriot ist, so unange-
    nehm is es mir als Anbeter.
Frau von Frankenfrey. Besorgen Sie nichts! *(Zu
    den Mädchen.)* Bleiben Sie hier, bis ich Ihnen meiner
    Plan mitgeteilt.
Ultra. Und was ist meine Aufgabe?
Frau von Frankenfrey. Eine höchst wichtige! Sie
    müssen es durch List dahin zu bringen suchen, daß der
    Bürgermeister mit dem auf Nachmittag angedrohten
    Überfall bis zum Abend zögert.
Ultra. Es ist Ihr Befehl, und die Liebe muß ex officio[63]
    Wunder wirken.
Frau von Frankenfrey. Die Liebe, sagen Sie?
Ultra. Na freilich, was denn sonst? An Ihnen zeigt sich
    neuerdings der große Unterschied zwischen die indischen
    und die europäischen Witwen; die indischen verbrennen
    sich selbst und die europäischen setzen andere Leut' in
    Feuer und Flammen. *(Geht rasch zur Mitte ab. Frau von
    Frankenfrey und die Mädchen in die Seitentüre links.)*

Verwandlung

*Platz in Krähwinkel, im Hintergrunde links das Ligorianer-
kloster.*

FÜNFTE SZENE

*Pemperl. Schabenfellner. Nachtwächter. Krähwinkler. Eme-
renzia. Cäcilie.
(Die Krähwinkler, mit Hellebarden bewaffnet, umstellen
die Pforte des Klosters.)*

Schabenfellner *(zu Emerenzia, welche mit Cäcilie
    ins Kloster wollte)*. Zurück, Alte!

    63. (lat.) amtlich.

P e m p e r l *(zu Cäcilie)*. Und noch mehr zurück, Junge!

E m e r e n z i a. Was wär' denn das!?

N a c h t w ä c h t e r. Bei die frommen Herren gibt's keinen freien Eintritt mehr!

P e m p e r l. Es wird gleich der gezwungene Austritt losgehn.

E m e r e n z i a. Oh, ös gottlosen Leut' –!

D i e K r ä h w i n k l e r. Weiter da!

C ä c i l i e *(ängstlich)*. Gehn wir lieber fort!

SECHSTE SZENE

Bürgermeister. Die Vorigen.

B ü r g e r m e i s t e r *(von vorne rechts)*. Was geht hier vor?

E m e r e n z i a. O, Euer Herrlichkeit, diese Ketzer wollen die Ligorianer vertreib'n.

B ü r g e r m e i s t e r. Meine intimsten Freunde?! Da will ich denn doch – *(ergrimmt auf die an der Pforte stehenden Krähwinkler losgehend.)* Fort! Augenblicklich! Ich werd' ein Gesetz ergehen lassen, daß nicht drei beisammenstehen dürfen[64].

S c h a b e n f e l l n e r. Hier steht ein freies Volk.

N a c h t w ä c h t e r. Was sich selbst die Gesetze macht.

P e m p e r l. Verstandevous?

E m e r e n z i a *(den Bürgermeister nach vorne ziehend)*. Lassen s' Euer Herrlichkeit gehn, es is nịx z' reden mit die Leut'.

B ü r g e r m e i s t e r *(seinen Grimm verbeißend)*. Na, nur Geduld –

E m e r e n z i a. Mir is nur um mein' Mann, er is drin im Kloster.

B ü r g e r m e i s t e r. So?

E m e r e n z i a. Der Pater Prior hat ihm g'schrieb'n, er soll kommen und einige wichtige Schriften zur geheimen Aufbewahrung übernehmen, 's is gar ein g'scheiter alter Herr, der jeden Braten riecht, folglich auch –

---

64. Vgl. Goethe, *Egmont*, Anfang des IV. Aufzugs.

SIEBENTE SZENE

Ein Kellner. Die Vorigen.

Kellner *(von Seite rechts auftretend).* Euer Herrlichkeit ein Brief!

Bürgermeister. Muß das hier auf der Straße – Wozu hab' ich ein Einreichungsprotokoll?

Kellner. Es ist ein Reisender, der keine sechs Wochen Zeit hat, ein hoher Herr Incognitus.

Bürgermeister *(den Brief nehmend).* Geb' Er her! – *(Erbricht mit Unwillen den Brief und liest, nachdem er die ersten Worte unverständlich gemurmelt.)* »... einer Staatsstreich betreffs der Rebellen mit Ihnen zu besprechen – erwarte Sie allsogleich, um Ihnen noch vor meiner Abreise wichtige Instruktionen –« *(spricht)* wer ist denn unterzeichnet? *(Die Unterschrift im stillen lesend, mit dem Ausdruck des höchsten Staunens.)* Ha –! Ist's möglich –! Hört auf zu tanzen, ihr Buchstaben – nein, nein, 's ist Wirklichkeit – hier steht der historisch-notorische Namenszug[65] – ich muß nochmals jedes Wort – *(Liest den Brief in höchster Spannung im stillen wieder durch.)*

ACHTE SZENE

Sigmund. Die Vorigen.

Sigmund *(von rechts auftretend und mit größter Vorsicht Emerenzia im Auge behaltend).* Cäcilie –!

Cäcilie *(ängstlich).* Still, um 's Himmels willen!

Emerenzia. Mir is nur um mein' Mann! *(Sieht mit ängstlicher Besorgnis nach der Klosterpforte.)*

Sigmund *(zu Cäcilie).* Komm heute abends um acht Uhr zum Rathausbrunnen, aber verschleiert, und folge dem, der dich dort abholen wird.

Cäcilie. Gott steh' mir bei – ich einem Manne folgen – nein, nein, das tu' ich nicht.

Sigmund. Wenn's aber dein Vater ist –?

Cäcilie. Ja, dann wohl – aber – ich glaub' gar, du machst dir ein' Spaß mit mir.

---

65. Namenszug des Fürsten Metternich (1773–1855), von 1821 bis 1848 österreichischer Kanzler.

Sigmund. Gewiß nicht, ich schwöre dir's, aber komm ja
verschleiert und sprich kein Wort! *(Wendet sich schnell
um, als er sieht, daß Emerenzia ihn bemerkt, und geht
wieder Seite rechts ab, woher er gekommen.)*

NEUNTE SZENE

Vorige ohne Sigmund.

Emerenzia *(zu Cäcilie).* Was hat er denn wollen, der –?
Cäcilie. Ich weiß nicht – von Schleier hat er was gesagt –
Emerenzia. Ah so; na, wann er's nur weiß, daß du a
Himmelsbraut bist!
Bürgermeister *(nachdem er wiederholt im stillen mit
Entzücken gelesen).* Soll pünktlich nach seinem erlauchten
Willen – *(zum Kellner)* geschwind leg' Er mich zu Füßen
– in der nächsten Minute werd' ich – muß nur erst Fas-
sung gewinnen – pack' Er sich! –
Kellner. Sehr wohl! *(Seite rechts ab.)*

ZEHNTE SZENE

Vorige ohne Kellner.

Nachtwächter *(nach links in die Szene blickend).*
Halt, da maust sich einer fort! *(Eilt links ab.)*
Pemperl. Besatzung an das Hinterpförtlein! *(Zwei
Krähwinkler mit Hellebarden eilen dem Nachtwächter
nach.)*
Bürgermeister. Was ist denn los –?
Emerenzia. Die Heiden! Wie sie's in der Zeitung lesen
von die großen Städt', so glauben s', sie müssen's nach-
machen bei uns.

ELFTE SZENE

Nachtwächter. Klaus. Zwei Krähwinkler. Die Vorigen.

Nachtwächter. Wir haben ihn schon!
Klaus *(im Ligorianerkostüm).* Aber ich bin ja keiner –
ich bin ja der –

Bürgermeister *(staunend)*. Klaus –!
Emerenzia. Mein Mann –!
Die Krähwinkler *(lachend)*. Ha, ha, ha, ha, de
   Klaus is a Ligorianer word'n.
Nachtwächter. Was hat Er denn da?
Klaus. Das geht euch nix an! Das is vom Pater Ignatius
   *(Wehrt sich um einen ziemlich großen Bündel, welchen e
   unter dem Mantel trägt.)*
Nachtwächter. Nacher geht es uns erst recht an
   (Entreißt ihm das Mitgebrachte.) Wird mit Beschlag be
   legt.
Klaus. Na, wart', g'freu' dich!
Bürgermeister. In meiner Gegenwart Lynch-Justiz –
   Unerhört! Aber zittert! *(Eilt Seite rechts ab.)*

ZWÖLFTE SZENE

Vorige ohne Bürgermeister.

Pemperl *(zu Klaus)*. Weiter jetzt um a Haus! *(Zieht sich
   zu den übrigen an die Klosterpforte zurück, nur Klaus
   Emerenzia und Cäcilie sind im Vordergrunde.)*
Emerenzia *(sich vom Schreck und Staunen kaum er-
   holend)*. Aber, Mann – wie kommst denn ins heilige
   G'wand!?
Klaus. Der Pater Sebastian hat g'sagt, ich soll tauschen
   mit ihm, ich hab' ihm mein' Uniform geben –
Emerenzia. Und du hast dich geopfert? – Siehst es
   Cilli!
Klaus *(Emerenzia umarmend)*. Weil ich dich nur wieder
   hab'!
Emerenzia. Diese Tat wird dir jenseits kurios –
Klaus. Ich g'freu' mich auf nichts als auf 'n Jüngsten Tag.
   Du wirst sehn, außer unserer Famili und a paar Beamte
   noch kommt ganz Krähwinkel in die Höll'. *(Nach dem
   Hintergrunde blickend.)* Aber du, wie s' zusamm'laufen
   da –! *(Es beginnt Musik im Orchester. Ein großer Ge-
   sellschaftswagen fährt über die Bühne, die Krähwinkler
   bilden, als der Wagen hält, ein Spalier von der Klosterpforte bis zum Wagen. Die sämtlichen Ligorianer kom-*

men aus der Pforte und besteigen den Wagen unter fol-
gendem, von dem Volke gesungenen)

Chor

Wir sehen mit Freuden
Die schwarzen Herren scheiden,
O herrliche Zeiten!
   Vorbei ist der Druck!
's is memento mori
Für d' Brüder Ligori,
O bittrer Zichori[66],
   Kommts nimmermehr z'ruck[67]!

(Der Wagen ist mittlerweile gedrängt voll mit Ligoria-
nern besetzt, das Volk jubelt, der Wagen fährt ab. Klaus
und Emerenzia drücken im Vordergrunde händeringend
Schmerz und Bedauern aus und gehen mit Cäcilie im
Vordergrunde links ab.)

Verwandlung

Vorsaal im »Hotel zum Bock«. Mittel und Seitentüren.

DREIZEHNTE SZENE

Sperling. Kellner.

S p e r l i n g *(entzückt aus der Seitentüre rechts kommend,*
zum Kellner). Trotz der Gegenwart des Bürgermeisters
durft' ich ihm's vorlesen. Er hat es angenommen, der er-
lauchte Gestürzte, zu allem diplomatisch Lächelnde.
K e l l n e r *(die Hand aufhaltend).* Darf ich bitten –
S p e r l i n g. Morgen, Freund – ich weiß ja noch nicht, ob
das Honorar ein brillantiertes oder ein dukatiges sein
wird. *(Für sich.)* Ach, Gott, wie der Mann in Millionen
schwimmt; so ein Gestürzter ist doch weit besser dran
als unsereiner, wenn er noch so aufrecht steht. *(Geht zur*
Mitteltüre ab, der Kellner folgt ihm.)

66. Kaffeezusatz.
67. Die Vertreibung der Liguorianer (Szenen 6 bis 12) ist ein genaues
Spiegelbild des wirklichen Ereignisses am 6. April 1848 im Kloster Maria
Stiegen. – Die satirische Polemik gegen die Jesuiten in dieser Zeit in
Europa wurde auf die Liguorianer übertragen.

VIERZEHNTE SZENE

Bürgermeister. Ultra (treten aus der Seitentüre rechts).
(Ultra ist als Diplomat gekleidet, mit weißer Frisur un
Adlernase, in einen schlichten Überrock, unter demselbe
aber in reichgestickte Staatsuniform gekleidet.)

B ü r g e r m e i s t e r. Bauen Eure erhabene Exzellenz gan
auf meine unbegrenzte Ergebenheit.

U l t r a. Also, durchaus vor Einbruch der Nacht kein Über
fall!

B ü r g e r m e i s t e r. Hochdieselben scheinen überhaup
sehr für die Nacht portiert zu sein.

U l t r a. Die Nacht war immer das Element meines Wir
kens. Die Großen der Erde sind Sterne, folglich könne
sie nur dann leuchten, wenn's finster ist. In der Sonne de
Freiheit verlischt das Sternengeflimmer, drum darf ma
sie nicht zu lange leuchten lassen. Übrigens bleibt di
Nacht nicht aus. Die allgemeine Verwirrung, die ic
nähre, ist das dämmrige Dunkel, ein blutiges Abendro
und die sternenfunkelnde Nacht der Reaktion trium
phiert am politischen Himmel.

B ü r g e r m e i s t e r. Ich werd' ihm's ausrichten.

U l t r a. Wem? –

B ü r g e r m e i s t e r. Unserm Kommandanten Rummel
puff.

FÜNFZEHNTE SZENE

Klaus. Vorige.

K l a u s *(statt in seinen Uniformfrack in Uniformkapu*
gekleidet, zur Mitte eintretend). Euer Herrlichkeit, de
Fähnrich Rummelpuff wart't bei Ihnen.

U l t r a. Das kömmt à propos.

B ü r g e r m e i s t e r. Ich werde ihm sogleich die diplo
matischen Maßregeln –

U l t r a. Adieu!

B ü r g e r m e i s t e r. Tief-devotest Gehorsamster!

U l t r a. Wenn Sie nach London[68] kommen, besuchen Si

---

68. Aufenthaltsort Metternichs nach seiner Flucht.

mich. Jeder echt servil-legitime Stock-Absolute macht mir
die Aufwartung dort. *(Der Bürgermeister entfernt sich
mit tiefen Bücklingen zur Mitteltüre.)*

SECHZEHNTE SZENE

Klaus. Ultra.

K l a u s *(nachdem er Ultra mit scharfer Aufmerksamkeit
betrachtet).* Er is es; ich kenn' ihn vom Porträt. Die Nasen
is aber doch zu groß auf 'n Bildl.

U l t r a. Wünscht Er etwas, mein Freund?

K l a u s. Hab' ich wirklich die Ehre, den großen Erfinder
der Staatsschulden –?

U l t r a. Der bin ich nicht; ich habe nur zu ihrer Ausbil-
dung beigetragen.

K l a u s. Bescheidenheit ist des Talentes schönste Zierde,
diese liebenswürdige Humanität gibt mir den Mut zu ein
paar politischen Fragen.

U l t r a. Nun?

K l a u s. Sie haben den Don Karlos so nobel unterstützt[69];
haben wir gar keine Hoffnung, daß er auf 'n Thron
kommt? Und daß wir mit der Zeit in Deutschland eine
Inquisition kriegeten?

U l t r a *(achselzuckend).* Die Realisierung dieser schönen
Idee muß wohl vorderhand problematisch bleiben.

K l a u s. So soll aus diese zahllosen österreichischen Zwan-
ziger uns gar kein spanischer Segen erblühn? Und die
guten Jesuiten in der Schweiz? Is es denn wirklich aus mit
ihnen[70]?

U l t r a. O, diesem Orden läßt sich neuerdings wieder ein
günstiges Prognostikon prädestinieren[71].

K l a u s. Ah, bravo! Und, erlauben zur Güte noch eine
Frag' – liegt das Geld wirklich gar so sicher auf der eng-
lischen Bank?

69. Trotz wachsender Staatsschulden gewährte Metternich dem spani-
schen Thronprätendenten Don Carlos (1788–1855) große finanzielle Zu-
wendungen; darüber große Erbitterung, zahlreiche politische Kontroversen.
70. Ausweisung der Jesuiten aus der Schweiz 1847.
71. (lat.) aus Vorzeichen etwas voraussagen, Prognosen stellen.

Ultra. O, gewiß.

Klaus. Selbst, wenn's gestohl'nes Geld is, hör' ich, kan einem 's kein Mensch anfechten?

Ultra. Haben Sie welches?

Klaus. Was hält recht is.

Ultra (ihm vertraulich die Hand drückend). Geben Sie in englische Fonds – ich spreche aus Erfahrung.

Klaus. Ex'lenz sind ein herrlicher Mann. Sie logieren i dem Gasthof? Da werden Sie gewiß abends ins Extra zimmer kommen.

Ultra. Hm – möglich – (Wendet sich, um abzugehen.)

Klaus. Das is 'g'scheit, ich muß Ihnen noch um einige wegen Napoleon befrag'n, wo nur Sie Auskunft wissen[72] Jetzt leg' ich mich gehorsamst zu Füßen, war mir ein un endliches Vergnügen. (Geht zur Mitte ab.)

Ultra. Adieu! (Geht in die Seitentüre ab.)

Verwandlung

Kurze Straße, nur eine Kulisse tief. Im Prospekt links da Haus des Klaus mit praktikablem Eingang.

SIEBZEHNTE SZENE

Willibald. Nachtwächter.
(Willibald ist ganz légère gekleidet, mit aufgelöstem Hals tuch, trägt ein Brecheisen in der Hand.)

Nachtwächter (mit Willibald von Seite rechts auf tretend). Nein, Mussi Willibald, das hätt' ich mir in mein Leben nicht denkt, daß ich Ihnen so seh'.

Willibald. Nicht wahr? Statt der Feder das Brecheise in der Hand!

Nachtwächter. Statt Kanzleibögen herabzufetzen[73] reißen Sie 's Pflaster auf.

Willibald. Statt Aktenstöße zu türmen –

Nachtwächter. Helfen Sie beim Barrikadenbau.

72. Anspielung auf den Tod des Herzogs von Reichstadt (Soh Napoleons), der nach vielverbreiteter Annahme vergiftet wurde.
73. *Herabfetzen:* eilig schreiben.

Willibald. Werden Sie mir nun auch noch die Hand Ihrer Tochter so hartnäckig verweigern?

Nachtwächter. O Gott! Ich war ja mit Blindheit g'schlag'n, ich wollt', ich könnt' Ihnen großartig nach Verdienst – *eine* Tochter für so einen Patrioten, das is ja eigentlich so viel als nix!

Willibald. Für mich ist es alles! –

Nachtwächter. Na, mich g'freut's, wenn Sie so genügsam sein, und meine Tochter wird's auch g'freun. *(Entzückt in die Kulisse sehend.)* Aber da schaun S' nur her –!

Willibald. Was denn?

Nachtwächter. Wie sich das macht! *(Mit Enthusiasmus.)* Das kleine Krähwinkel schaut ordentlich großartig aus, seitdem's Barrikaden hat! Was gäbet ich drum, wenn ich Wien g'sehen hätt' an dem Tag! Hier hab'n s' schon diese himmlischen Pflastersteine nicht, die sind dort wie gemacht dazu.

Willibald. Das is wahr, übrigens ist es nicht der Granitwürfel allein – unerschütterlicher Wille und Todesverachtung ist's, was den Barrikaden die Festigkeit verleiht.

Nachtwächter. Ich g'freu' mich schon –!

Willibald. Nun, so weit wird's wohl nicht kommen. *(Geht mit dem Nachtwächter Seite rechts ab.)*

ACHTZEHNTE SZENE

Klaus, Cäcilie, Sigmund (kommen von links).
(Cäcilie hat einen Strohhut mit grünem Schleier auf und hält den Schleier, sorgfältig ihr Gesicht verbergend, fest.)

Klaus *(Cäcilie am Arme führend).* Nein, das Zittern und Herzklopfen, das is ja, als wie wenn a Uhrwerk in Ihnen wär'.

Sigmund. Die Arme fürchtet sich so.

Klaus *(zu Cäcilie).* Haben Ihnen vielleicht die Steinhaufen ängstlich g'macht, über die wir haben kraxeln müssen?

Sigmund. Ach nein! Sie fürchtet nichts als ihren Vater. –

K l a u s. Na, jetzt, der soll uns nicht gar zu viel Mäus
machen[74]. Meine Begleitung macht die Sache so anständig
daß gar kein Mensch einen Anstand dran finden kann.
(Für sich.) Die zwei Leut' g'fallen mir mit ihrem G'heim
nis, als ob ich nicht trotz dem Schleier doch wüßt', daß e
die Nachtwachterische Walperl is –

S i g m u n d *(welcher leise ein paar Worte mit Cäcilie ge
wechselt).* Sie frägt mich eben, warum wir diesen Umwe
machen?

K l a u s. Das hat einen wichtigen Grund. Ich hab' müsse
bei mein' Haus vorbei. Wissen S', es gehen heut' aller
hand Leut' herum in der Stadt, daß ei'm völlig angst un
bang wird, wenn man s' sieht, und da hab' ich in einen
Wiener Blatt etwas g'lesen von einem Zauberspruch, de
weit mehr als Schloß und Riegel wirkt. Wir werd'n gleic
fertig sein. *(Zieht ein Stück Kreide aus der Tasche und
schreibt an das Haustor.)*

C ä c i l i e *(leise zu Sigmund).* Ich hab' Todesängsten –

S i g m u n d. Nicht doch, beruhige dich!

K l a u s. So, das wär' in der Ordnung –! *(Hat auf die Tür
die Worte: »Heilig sei das Eigentum!« geschrieben[75].)*

NEUNZEHNTE SZENE

Vorige. Ultra.

U l t r a *(als Arbeiter[76] gekleidet, mit einer Spitzhacke in
der Hand, von Seite rechts kommend).* Ah, mir g'schieht
ordentlich leicht, seit ich wieder einem rechtschaffenen
Menschen gleichseh'.

K l a u s *(Ultra bemerkend).* Aha –! *(Zu Sigmund.)* Da ist
schon so ein verdächtiges Individuum. *(Zu Ultra.)* Da,
Freund, lies Er's nur, was auf der Türe steht.

---

74. *Mäus machen:* Umstände machen.
75. Diese Schutzinschrift wurde tatsächlich an vielen Häusern ange-
bracht, da in bürgerlichen Kreisen große Angst vor dem Losschlagen der
»Proletarier« herrschte.
76. Erstdruck und Sämtliche Werke weisen hier im Text statt *Arbeiter*
das Wort *Proletarier* auf; es ist der Szene als historisches Schlagwort
angemessener.

Ultra. »Heilig sei das Eigentum!« O, ihr Kapitalisten,
wie albern seid ihr!

Klaus. Ah, mein Geld hab' ich nicht z' Haus liegen, so
g'scheit bin ich schon. Aber man hat auch noch andere
Sachen, in die man hohen Wert setzt.

Ultra. Sie sind ein – ich mag nicht sagen, was, denn es
betreffet zu viele. »Heilig sei das Eigentum!« Wenn diese
Worte den Arbeitern nicht ins Herz g'schrieben wären,
was nutzet denn auf alle Türen das Geschmier'?

Klaus *(zu Sigmund und Cäcilie)*. Der wird noch grob –!
(Zu Cäcilie.) Ich bring' Ihnen an den Ort Ihrer Bestimmung, und wenn sich Ihr Vater gar nicht überreden lassen
will, so sag' ich ihm's franchement[77] ins G'sicht, daß er ein
dummer Kerl is. *(Geht mit Cäcilien, welcher er den Arm
gibt, und mit Sigmund Seite rechts ab.)*

ZWANZIGSTE SZENE

Ultra (allein).

Ultra. Auf was gibt denn der gar so acht da drin, auf
d' Letzt' –? Neugierig bin ich etwas – na, und warum
–'s Anläuten verletzt ja das Eigentum noch nicht. – *(Läu-
tet am Hause des Klaus.)*

EINUNDZWANZIGSTE SZENE

Emerenzia. Der Vorige.

Emerenzia *(von innen)*. Was is's –? *(Die Haustüre halb
öffnend.)* Was will der Herr?

Ultra. Is d' Frau allein zu Haus? Gar niemand sonst?

Emerenzia *(ängstlich werdend)*. Allein bin i – mutter-
seelenallein – *(mit steigender Angst)* um alls in der Welt –

Ultra. Jetzt hat die Ängsten! Mach' d' Frau 's Türl zu!

Emerenzia. Gott steh' mir bei! *(Verschließt sich wieder
in ihr Haus.)*

77. (frz.) frei heraus, offen.

ZWEIUNDZWANZIGSTE SZENE

Ultra (allein).

U l t r a. Und da schreibt der Kerl: »Heilig sei das Eigen
tum!« Ah, diese Kreidenverschwendung, das ist zu stark
– Wer hätt' sich aber jemals dieses regsame, bewegte Leben
in dem friedlichen Krähwinkel als möglich gedacht? Wir
haben jetzt halt überall die zweite Auflag' von der vor
vierzehn Jahrhunderten erschienenen Völkerwanderung.
Nur mit dem Unterschied, daß jetzt die Völker nich
wandern, sich aber desto stärker in ihren stabilen Wohn
sitzen bewegen. Natürlich, so was wirkt nach allen Seiten
hin, gärt und muß sich abbeißen und kann folglich nich
so g'schwind vorübergehn.

Lied

1.

In Sizilien beiden[78]
Wär'n d' Menschen z' beneiden,
Herumspazier'n immer
In ein' herrlichen Klima,
In d' Politik nix pantschen,
Schön fressen Pomerantschen,
Singen Lieder der Minne
Zur Mandldoline,
Selbst vesuvischem Brande
Ruhig zuschaun vom Strande;
So hätt's Leben in Neapel recht a friedliches G'sicht,
Aber d' Weltgeschicht' sagt: Justament nicht!

Nach Freiheit hab'n s' g'rungen,
's is ihnen gelungen –
Da denkt sich der Köni:
»Da wär' i ja z' weni.
's Volk schreit mordionisch:
›Nur nix mehr bourbonisch!‹

78. *Sizilien beiden:* Italien war in der ersten Hälfte des 19. Jahrhunderts in mehrere Teilstaaten zersplittert. »Königreich beider Sizilien«
wurde das südliche Italien (Neapel) einschließlich Sizilien genannt, dessen König, der von Österreich abhängige Ferdinand II., die Straßen-
kämpfe und Volkserhebungen in Neapel niederschlug.

Die G'schicht' ändern kann i,
I zahl' d' Lazzaroni[79],
Den Gusto soll'n s' büßen,
Ich lass' s' halt z'samm'schießen –«
    Sie, das is kurios,
    Aber 's gibt noch ein' Stoß,
    Die Gärung is z' groß,
    Es geht überall los.

2.

In England wär's herrli,
So find't man's wohl schwerli,
's Geld nach Pfund, nit nach Kreuzer,
Chesterkäs statt an Schweizer,
Diese Beefsteaks, das Porter,
Die gelehrten Oxforder,
Und trotz daß 's Volk herrscht allmächti,
Geht's der Königin doch prächti;
Der Prinz Albert, nix weiter
Als »Viktoria!« schreit er;
So hätt's Leben in London recht a friedliches G'sicht,
Aber d' Weltgeschicht' sagt: Justament nicht!

    Betracht'n wir's politisch,
    Steht's in England sehr kritisch,
    So viel Millionen Gulden
    Hat gar kein Staat Schulden.
    In dem Reich der drei Inseln
    Tut auch z' viel Armut winseln,
    Aufgeklärt O'Conellisch[80],
    Wird Irland rebellisch,
    Denn der Hung'r psychologisch
    Is rein demagogisch.
        O, ich bin drauf kurios,
        Na, da gibt's noch ein' Stoß,
        Denn die Gärung is z' groß,
        Es geht überall los.

---

79. (ital.) Bettler, Lumpen.
80. Daniel O'Connell (1775–1847) kämpfte für die Unabhängigkeit Irlands von Großbritannien.

3.

Frankreich denkt sich: »Was tu' i,
Es prellt uns der Louis
Um d' Freiheit allmählich
Durch d' Minister gar schmählich;
's tut's nicht mehr Orleanisch,
Wer'n wir republikanisch!« –
's kommt zur Realisierung
D' Proletarier-Regierung.
In ein' Tag waren s' auf Rosen
Gebettet, d' Franzosen;
So hätt's Leben in Frankreich recht a friedliches G'sicht,
Aber d' Weltgeschicht' sagt: Justament nicht[81]!

Es woll'n d' Republiken
In Europa nicht glücken,
Selbst für die von die Schweizer
Geb' ich keine fünf Kreuzer –
Von d' Pariser nicht wenig'
Woll'n schon wieder ein' König –
Woher nehm'n und nicht stehlen!
Viele krieg'rische Seelen
Ein' Napoleon verlangen;
Da wer'n sie's erst fangen[82].
    O, i bin drauf kurios,
    Na, da gibt's noch ein' Stoß,
    's is d' Gärung zu groß,
    Es geht überall los.

4.

Anders tut sich Östreich machen,
Da gehn um'kehrt die Sachen;
Zwar is d' Aufgab' ka kleine,
Da z' kommen ins reine,

---

81. In Frankreich hatte die Revolution bereits im Februar 1848 begonnen; König Louis Philippe wurde gestürzt und die bürgerliche Republik ausgerufen. Im Juni 1848 glückte der Sieg des Bürgertums; doch 1851 übernahm Kaiser Napoleon III. die Herrschaft und hatte sie bis 1870 inne. – Nestroy sah 1848 schon einen Napoleon heraufziehen (vgl. Couplet-Strophe)!

82. *Etwas fangen:* etwas erleben (im bösen Sinne!).

's soll ein Zirkel Völkerschaften[83]
An ein' Mittelpunkt haften;
Unsere Stellung war schwierig,
Und viele hab'n schon gierig
G'wart't auf unsre Auflösung.
(Niest.) Atzi! Zur Genesung!
Sie hab'n schon glaubt, daß alles feindlich in Teile
zerbricht –
Aber d' Weltgeschicht' sagt: Justament nicht!

    Eine Freiheit vereint uns,
    So wie a Sonn' nur bescheint uns;
    G'schehn auch Umtrieb' von Ischl[84]
    Oder von Leitomischl[85],
    Wir kommen zur Klarheit,
    G'sunder Sinn find't schon d' Wahrheit;
    Und trotz die Diff'renzen
    Wird Östreich hoch glänzen
    Fortan durch Jahrhundert',
    Gepriesen, bewundert –
        Wir stehn da ganz famos
        Und wir fürchten kein' Stoß,
        Is die Gärung auch groß,
        Bei uns geht nix mehr los! –
        (Rechts ab.)[86]

83. *Zirkel Völkerschaften:* Die österreichische Monarchie umfaßte mehrere Völkergruppen: Österreicher, Ungarn, Tschechoslowaken, Rumänen, Jugoslawen, Italiener und Polen.

84. In Ischl formierte sich die Gegenrevolution.

85. Kleine Stadt in Böhmen, hier als Typ der völlig unbedeutenden Provinzstadt.

86. Im Theatermanuskript findet sich noch eine fünfte Strophe auf Rußland (vgl. Anhang der Sämtlichen Werke, Bd. 5, S. 618 f.):

    Es lassen sich d' Russen
    Durch gar nix aufhussen,
    Dort hint! bei die Eisbär'n
    Tun s' auch selten was Neu's hör'n,
    Sie hab'n viel Wuttki, viel Zobel,
    Eins is billig, eins nobel,
    's hat auch d' Knuten, die schlimme,
    Jetzt statt acht Knöpf' nur simme,
    's is rührend, auf Ehre,
    Wie s' mild werd'n, die Zäre,
So hätt's Leben in Rußland recht a friedliches G'sicht,
Aber d' Weltgeschicht' sagt: Justament nicht!

Verwandlung

Die Bühne stellt den Teil des Hauptplatzes in Krähwinkel
dar, wo derselbe in eine etwas bergauf gehende Gasse ein-
mündet. Am Eingang der Straße in der Tiefe der zweiten
Kulisse ist eine Barrikade erbaut, weiter im Hintergrunde
eine zweite, ganz im Hintergrunde eine dritte. Am Horizont
sieht man Vollmond, alle Fenster sind erleuchtet. Vor den
Barrikaden stehen Arbeiter mit ihren Werkzeugen, darunter
Willibald, Sigmund und der Nachtwächter, auf den Barrika-
den Krähwinkler, darunter Mädchen, in Studentenuniform
gekleidet, hinter ihnen Bürger mit Hellebarden, Pemperl
und Schabenfellner. Unter den auf der vordersten Barrikade
befindlichen, als Studenten verkleideten Frauenzimmern
sieht man Frau von Frankenfrey als Akademiker mit der
Offiziersschärpe, dann Walpurga, Cäcilie, Babette, Adele
als Akademiker.

DREIUNDZWANZIGSTE SZENE

Alle obbenannten Personen.
(Mit der Verwandlung wird mit Orchesterbegleitung eine
Strophe von dem Liede »Das deutsche Vaterland« gesungen.
Mit Ende der Strophe schweigt die Musik. Die als Studenten
gekleideten Frauenzimmer treten hinter die Barrikaden.)

(Fortsetzung Fußnote 86.)

> Der Zar möcht' den Westen
> Mit Knechtschaft verpesten,
> Bei der G'legenheit wird sein Osten
> Die Freiheit verkosten,
> 's wird ihn' auf amal z' rund sein,
> Den Russen, das Hundsein,
> Geg'n d' Regierung so knutig
> Empören sie sich mutig,
> Z' reißen d' Ukas in Stückeln,
> Tun Caviar dreinwickeln.
>   O ich bin schon kurios,
>   Denn da gibt's noch ein Stoß,
>   's is die Gärung zu groß,
>   Es geht überall los.

VIERUNDZWANZIGSTE SZENE

Bürgermeister. Klaus. Zwei Wächter. Die Vorigen.

B ü r g e r m e i s t e r *(wütend mit Klaus und den Wächtern von Seite links auftretend).* Kühnheit ohnegleichen! Man errichtet Barrikaden –!?

K l a u s. Das ist noch nicht dagewesen!

B ü r g e r m e i s t e r. Und in fünf Stunden erfrecht man sich fertig zu sein!?

K l a u s. Der Magistrat hätt' vier Monat' dran gebaut.

F r a u   v o n   F r a n k e n f r e y *(mit den übrigen als Studenten gekleideten Frauenzimmern plötzlich auf den Barrikaden erscheinend).* Was soll's? – Wir sind bereit zum Kampf auf Tod und Leben! –

B ü r g e r m e i s t e r *(wie vom Donner gerührt).* Himmel – Studenten!

K l a u s *(perplex).* Studenten –!

F r a u   v o n   F r a n k e n f r e y. Seht ihr die Totenköpfe[87] auf unsern Kalabresern[88]? Sie sind euch ein warnendes Bild; so werden in kurzem eure hohlen Schädel ausschaun, wenn's euch zum Kampfe mit uns gelüstet!

B ü r g e r m e i s t e r *(vernichtet).* Studenten! Klaus, hier ist nichts mehr zu tun. *(Zu den zwei Wächtern.)* Sprengt zurück zu Rummelpuff, ich lass' ihm sagen, es ist nichts mit der Reaktion. *(Zu den übrigen.)* Und du, widerspenstiges Krähwinkel, suche dir einen andern Bürgermeister, ich geh' nach London[89].

A l l e. Vivat!

K l a u s *(dem Bürgermeister nachrufend).* Bei so viele gestürzte Große hat auch ein gestürzter Dicker Platz.

87. Abzeichen der »Totenkopf-Legion«, einer radikalen Gruppe innerhalb der studentischen Gruppen.
    88. *Kalabreser:* breitkrempiger Hut; 1848 das Abzeichen der revolutionären Bürgerschaft.
    89. Vgl. S. 62, Anm. 68.

FÜNFUNDZWANZIGSTE SZENE

Ultra. Die Vorigen ohne Bürgermeister.

U l t r a *(von Seite rechts auftretend, mit einer Fahne in der Hand, zu Frau von Frankenfrey).* Darf ich Sie nun an Ihre ersten Worte zu mir erinnern, allwelche lauteten: »Sie sind mein Mann«?

F r a u   v o n   F r a n k e n f r e y. Von den Trophäen der Freiheit, von den Barrikaden herab reich' ich Ihnen meine Hand.

W i l l i b a l d *(zu Walpurga).* So wie du mir die deinige –

N a c h t w ä c h t e r. Mit Nachtwachtersegen.

S i g m u n d *(zu Cäcilie).* Und du, Cäcilie?! –

K l a u s *(aufs höchste betroffen).* Was – was ist das? – Himmel, meine Tochter is ein Student –!?

S i g m u n d *(zu Klaus).* Sie selbst haben sie zu Frau von Frankenfrey geführt, um sie mit mir zu vereinen.

K l a u s. Ein Student is meine Tochter! Meintwegen, aber das sag' ich euch, vor der ersten Kindstauf' sieht mich kein Mensch in Krähwinkel! *(Läuft ab.)*

U l t r a. Also, wie's im großen war, so haben wir's hier im kleinen g'habt, die Reaktion ist ein Gespenst, aber G'spenster gibt es bekanntlich nur für den Furchtsamen; drum sich nicht fürchten davor, dann gibt's gar keine Reaktion! *(Alles singt die erste Strophe der Volkshymne: »Was ist des Deutschen Vaterland?«, Marsch von Strauß jun.*[90]*, während welchem ein Fackelzug über die Bühne geht, unter Jubelgeschrei fällt der Vorhang.)*

Ende

---

90. Johann Strauß (Sohn) (1825-99) komponierte 1848 einen »Revolutionsmarsch« und einen »Studenten-Marsch«.

LITERATURHINWEISE

Basil, Otto: Johann Nestroy. Reinbek bei Hamburg 1967.

Bauer, Roger: Johann Nepomuk Nestroy. In: Deutsche Dichter des 19. Jahrhunderts. Hrsg. von Benno von Wiese. Berlin ²1979. S. 385–402.

Berghaus, Günter: J. N. Nestroys Revolutionspossen im Rahmen des Gesamtwerks. Ein Beitrag zur Bestimmung von Nestroys Weltanschauung auf dem Hintergrund der österreichischen Sozialgeschichte des Vormärz. Diss. Berlin 1977.

Brill, Siegfried: Die Komödie der Sprache. Untersuchungen zum Werk Johann Nestroys. Nürnberg 1967.

Brukner, Fritz (Hrsg.): Johann Nestroy. Gesammelte Briefe und Revolutionsdokumente (Nestroy und seine Bühne im Jahre 1848). Wien 1938.

Charue-Ferrucci, Jeanine: »Krähwinkel« et le »Wiener Volkstheater«. Étude sur deux variantes viennoises de la pièce de Kotzebue *Die deutschen Kleinstädter*. In: Austriaca 1982. Nr. 14. S. 103–117.

Goldschmidt, Hans Eberhard: »Revolution in Krähwinkel« – Wien 1938. In: Nestroyana 2 (1980) S. 50–57.

Häusler, Wolfgang: Von der Massenarmut zur Arbeiterbewegung. Demokratie und soziale Frage in der Wiener Revolution von 1848. Wien/München 1979.

– Freiheit in Krähwinkel? Biedermeier, Revolution und Reaktion in satirischer Beleuchtung. In: Österreich in Geschichte und Literatur 31 (1987) S. 69–111.

Hannemann, Bruno: Johann Nestroy. Nihilistisches Welttheater und verflixter Kerl. Zum Ende der Wiener Komödie. Bonn 1977.

Hein, Jürgen: Spiel und Satire in der Komödie Johann Nestroys. Bad Homburg / Berlin / Zürich 1970.

– Das Wiener Volkstheater. Raimund und Nestroy. Darmstadt 1978. (Erträge der Forschung. 100.)

Klotz, Volker: Bürgerliches Lachtheater. Komödie, Posse, Schwank, Operette. München 1980. (dtv wissenschaft. 4357.)

Kraus, Karl: Nestroy und die Nachwelt (1912). Mit einem Nachw. von Hans Mayer. Frankfurt a. M. 1975.

Mautner, Franz H.: Nestroy. Heidelberg 1974.

May, Erich Joachim: Wiener Volkstheater und Vormärz. Berlin 1975.

McKenzie, John R. P.: Political Satire in Nestroys »Freiheit in Krähwinkel«. In: The Modern Language Review 75 (1980) S. 322–332.
– Nestroy's Political Plays. In: Viennese Popular Theatre: A Symposium. Das Wiener Volkstheater: Ein Symposium. Hrsg. von W. E. Yates und J. R. P. McKenzie. Exeter 1985. S. 123–138.

Pütz, Peter: Zwei Krähwinkeliaden 1802/1848. August von Kotzebue, *Die deutschen Kleinstädter*. Johann Nestroy, *Freiheit in Krähwinkel*. In: Walter Hinck (Hrsg.): Die deutsche Komödie. Düsseldorf 1977. S. 175–194.

Preisner, Rio: Johann Nepomuk Nestroy. Der Schöpfer der tragischen Posse. München 1968.

Rett, Barbara: Johann Nestroy und die bürgerliche Revolution. Diss. Innsbruck 1978. [Masch.]

Rey, William H.: Die Komödie der Revolution (Nestroy: *Freiheit in Krähwinkel*). In: W. H. R.: Deutschland und die Revolution. Der Zerfall der humanistischen Utopie in Theorie und Drama. Bern / Frankfurt a. M. / New York 1983. S. 166–202.

Rogers, Michael A.: Nestroy and Politics. In: 1848. The Sociology of Literature. Proceedings of the Essex Conference of the Sociology of Literature July 1977. Essex 1978. S. 147–165.

Rommel, Otto: Johann Nestroy. Ein Beitrag zur Geschichte der Wiener Volkskomik. In: J. N.: Sämtliche Werke. Bd. 15. Wien 1930. S. 5–357.
– Johann Nestroy. Der Satiriker auf der Altwiener Komödienbühne. In: J. N.: Gesammelte Werke. Bd. 1. Wien 1948. S. 5–194.
– Die Alt-Wiener Volkskomödie. Ihre Geschichte vom barocken Welttheater bis zum Tode Nestroys. Wien 1952.

Schmieder, Gerhard: Revolutionäre Entwicklung und ›idealistische‹ Satire. Studien zu Johann Nestroys 48er Posse »Freiheit in Krähwinkel«. Diss. Erlangen-Nürnberg 1981.

Sengle, Friedrich: Johann Nestroy. In: F. S.: Biedermeierzeit. Deutsche Literatur im Spannungsfeld zwischen Restauration und Revolution. 1815–1848. Bd. 3. Stuttgart 1980. S. 191–264.

Weigel, Hans: Johann Nestroy. Velber 1967. (Dramatiker des Welttheaters. 27.)

Yates, William Edgar: Nestroy. Satire and Parody in Viennese Popular Comedy. Cambridge 1972.

Zeman, Herbert: Johann Nestroy. Profile seines Lebens und Schaffens. In: H. Z. (Hrsg.): Die österreichische Literatur. Ihr Profil im 19. Jahrhundert (1830–1880). Graz 1982. S. 633–660.

NACHWORT

*Ich schüttelte den Kopf, und das ist alles,
was ich unter so bewandten Umständen tun
konnte, und ich tat es bedeutend.*

Dieser Aphorismus aus Nestroys Nachlaß mag als Bild für
das satirische Verfahren Nestroys in der Zeit der Zensur
und unter dem Diktat des Publikumsgeschmacks gelten. Vielleicht kann er ein Schlüssel zum besseren Verständnis des
Revolutionsstücks *Freiheit in Krähwinkel* sein, das schon bei
seiner Erstaufführung (1. Juli 1848) erbitterte Kritik und
uneingeschränktes Lob fand. Bis ins 20. Jahrhundert hinein
gibt es Stimmen, die dem Stück künstlerischen Wert voll-
kommen absprechen und es für eine von der aktuellen Tages-
politik hochgespielte »Eintagsfliege« halten. Man wußte mit
der eigentümlichen Verbindung von traditionellen Possen-
motiven, Lustspielintrige und zeitbezogener politischer Satire nichts anzufangen; ja, man tadelte sogar diese Verbindung mit dem Hinweis, das Possenhafte entschärfe oder
zerstöre gar das Satirische. Solcher Kritik tritt der eben zi-
tierte Aphorismus entgegen, indem er das Problem der
künstlerischen Darstellung – die der Satire in einer satire-
feindlichen Zeit – erläutert. Der Satiriker *schüttelt den
Kopf*, er mißbilligt aufs schärfste menschliche, gesellschaft-
liche und politische Verkehrtheiten; er zeigt mit seiner Ne-
gation auf die Unzulänglichkeit der dargestellten Welt und
ihrer Menschen, mehr kann er nicht tun in einer Zeit, die
eine offen und schärfer zugreifende Satire nicht erlaubt.
Unter so bewandten Umständen schüttelt daher der Satiriker *bedeutend* den Kopf, d. h., er zieht sich hinter eine
scheinbar harmonische Possenwelt zurück, funktioniert aber
deren Motive und Formen der Komik zu satirischer Aussage
um: er deutet sein »Modell« als die satirisch zu vernichtende
politische und soziale Wirklichkeit. Traditionelle Spielwelt
der Harlekinade und das Kleinstadtmodell *Krähwinkel* sind
Vorwand für das *deutende* Rollenspiel des Satirikers, der
seinen Angriff in gefälliger Form darbietet.

Nestroys satirisches Spiel hat die Revolutionsereignisse
vom 13. März bis 27. Mai 1848 in Wien zum Gegenstand

(vgl. die Anmerkungen 40, 41 und 43). Es ist in der kurzen Zeitspanne entstanden, in der die Zensur außer Kraft gesetzt war (vgl. Nestroys Definitionen der Zensur in I 7 und I 14). Sieg und Idee der Freiheit beflügeln das satirische Temperament Nestroys. Die Aktionen der Revolution bestätigen den Kampf des Satirikers gegen den patriarchalischen Despotismus, gegen Bürokratismus, Zensur und Spitzeltum. Aber die Revolution gibt dem Satiriker auch Spielraum, die negativen Seiten der großen Bewegung anzugreifen, so etwa das falsche Freiheitspathos, die kommerzielle Ausbeutung der Situation (I 1), das heuchlerische Mitläufertum oder die bloße Sensationslust an den revolutionären Ereignissen (II 10). Nestroy stellt Pathos und Parodie gegeneinander und entfaltet die Widersprüche satirisch; er zeigt, wie die unzulänglichen Menschen an der Größe revolutionärer Ideen scheitern. Der Satiriker gibt sich mit dem Erreichten nicht zufrieden, weil er erkennt, daß die antirevolutionären Kräfte und das politische Desinteresse die Freiheit zu zerstören drohen (I 24; III 3; III 22). Das *Gespenst der Reaktion* (III 25) bleibt kein Traum des Bürgermeisters von Krähwinkel (I 25); Nestroy sah weiter als das Theaterpublikum, das die Streichung dieses Traumes von der russischen Reaktion verlangte – ein Bild, das bis heute drohend aktuell geblieben ist.

Die Einstellung des Satirikers Nestroy gegenüber den 48er Ereignissen kann keine feste, einer bestimmten Idee oder einem Programm verpflichtete sein; man darf seine wechselnde Kritik, Lob und Tadel der Revolution nicht als Gesinnungslosigkeit auslegen. Die konsequente Skepsis gegenüber allem ist ein wesentlicher Zug der Satire bei Nestroy, die nicht die Revolution und ihre Ergebnisse einfach begrüßt, sondern gegen die Starrheit und Unveränderlichkeit und damit gegen das Fehlerhafte des Erreichten zu Felde zieht. Die Satire ist destruktiv, desillusionierend, kritisch und pessimistisch, aber konstruktiv, idealistisch und optimistisch in der Rehabilitierung von Welt und Wirklichkeit. Als eine Art der künstlerischen Welterfassung forscht sie nach den Gründen der Verkehrung und vermag die Struktur der bedrängenden Wirklichkeit darzustellen, sich in der Sprache mit ihr auseinanderzusetzen. Bauprinzip der Satire ist die Reihung und Häufung der Gegenstände. Unermüdlich rich-

tet sich die enthüllende Kraft des Satirikers in immer neuen
Ausdrucksmitteln auf immer andere satirische Objekte und
entwirft ein negatives Modell der Wirklichkeit.

Die Unermüdlichkeit im Erforschen der Wirklichkeit
bringt den Satiriker Nestroy zur richtigen Einschätzung der
Verhältnisse im Revolutionsjahr 1848. Spiegel des Erkennt-
nisprozesses sind die übrigen politischen Komödien Nestroys,
alle 1848/49 entstanden. – *Die Anverwandten* (1848) weisen
eine Fülle politischer Anspielungen auf; bei der Aufführung
gab es einen Skandal, als Nestroy in einem Couplet die
Verse sang: »Gar mancher is als Wähler für Frankfurt 'nein
g'rennt, / Der auß'r d' Frankfurterwürsteln von Frankfurt
nix kennt.« Die Satire auf die Ziellosigkeit politischer Bewegung war gelungen, aber das Publikum fühlte sich ange-
griffen. Nestroy versöhnte es mit seinem nächsten Stück
Freiheit in Krähwinkel, in dem er die Satire in eine mehr
spielerische Form hüllte. Am Ende dieser Komödie erinnert
Ultra an das *Gespenst der Reaktion* (III 25), die dann am
4. Oktober 1848 mit der Belagerung und Einnahme Wiens
wirklich wurde. Nestroys erstes Stück nach diesem Ereignis,
Lady und Schneider (1849), wurde als seine Stellungnahme
zum Geschehen, als eine politische Kundgebung gewertet.
Nestroy war durch die Wiedereinführung der Zensur, die er
satirisch gegeißelt hatte, kein Schaden entstanden, daher
wartete man gespannt, wie sich der Dichter, der die Freiheit
gefordert hatte, nun zur Unfreiheit verhalten würde.
Nestroy zeigt auf künstlerische Weise die Zwiespältigkeit im
politischen Denken der Wiener in der Josephinischen Zeit:
heute erscheinen sie begeistert über das revolutionäre Geschehen, morgen liegen sie in serviler Unterwürfigkeit dem
Tyrannen zu Füßen. Die politischen Umsattler, Pfuscher
und »Kannegießer« verfallen der satirischen Vernichtung.
Nestroy zeigt, wie jene Menschen vor den Idealen versagen,
die sie vorher in Tiraden vertreten haben, und er versucht,
die ins Gegenteil umgeschlagenen Ideen der Revolution
wiederherzustellen: »So glaub'n s', Freiheit heißt unscheniert
schimpf'n über'n Staat / Und das, was man braucht, dem
wegnehmen, der's hat ... Ah, wenn d' Freiheit Kommunis-
mus wird, nein, / Da hört es auf, ein Vergnügen zu sein.« In
Verwickelte Geschichte (1850) bannt er die Gefahr des Kom-

munismus durch seine vernichtende Satire. In *Höllenangst*
(1849) gelingt Nestroy ein weiterer Schritt zur künstlerisch
objektiven Darstellung der Wirklichkeit mittels der Satire:

> Einer schreit: »Freiheitspest,
> I wollt', du hätt'st schon den Rest!
> A Verfassung, freie Press',
> Zu was braucht das Volk dös?
> Volksbewaffnung, zu was?
> 's Volk hat g'lebt ohne alles das,
> Wenn i könnt', so stürzt' ich
> 's ganze Jahr Achtundvierzig.
> Leicht nur Atem ich schöpf',
> Seh ich Zöpf' an die Köpf'
> und Zensur, die den Geist
> Mit der Wurzel ausreißt –«
> > Vorig's Jahr hat derselbe
> > Raisoniert gegen 's Schwarzgelbe,
> > Den Kalabreser geschwungen,
> > 's »deutsche Vaterland« g'sungen
> > Und war rein Terrorismus
> > Gegen den Absolutismus.
> > Ist's denn Ernst, daß 'r jetzt gar so gut
> > > g'sinnt sich tut zeig'n? –
> > Na, da müssen ei'm bescheidne Zweifel auf-
> > > steig'n.

Seine gerechte Einschätzung der Revolution formuliert er
in *Der alte Mann mit der jungen Frau* (1849), das wegen
Zensurschwierigkeiten nicht aufgeführt werden konnte; die
Satire war zu deutlich: »Nach Revolutionen kann's kein
ganz richtiges Strafausmaß geben. Dem Gesetz zufolge verdienen so viele Hunderttausende den Tod – natürlich, das
geht nicht; also wird halt einer auf lebenslänglich erschossen,
der andere auf fünfzehn Jahr' eing'sperrt, der auf sechs
Wochen, noch ein anderer kriegt a Medaille – und im Grund
haben s' alle das nämliche getan.«

Überblickt man die politischen Komödien und ihre Aus-
sagen, dann gewinnt man ein anderes Bild von Nestroys
Haltung zum Jahr 1848. Dann ist er nicht derjenige, wie
gern behauptet wird, der aus den blutigen Ereignissen

possenhaft Kapital schlug und im Theaterkostüm auf der Barrikade erschien (so zeigt ihn eine zeitgenössische Abbildung), sondern der Dramatiker, der mit Hilfe der Satire ein möglichst wirklichkeitsnahes, aktuelles Bild der Zeit zu entwerfen versucht, der die Komödien als Bausteine zu einem Gesamtbild betrachtet, das ein und dieselbe Welt und ihre Struktur aus immer anderen Perspektiven darstellen soll. Nestroys Haltung zur Revolution ist die des Satirikers, der die Verkehrtheiten von allen Seiten angreift, der aber auch voll Pessimismus und Resignation die Möglichkeiten einer Änderung oder Besserung schwach einschätzt, weil er die Besserung überhaupt für unwahr hält. In diesem Sinne ist sein Aphorismus zu verstehen: »Mir war der verlorene Sohn immer verächtlich, aber nicht deswegen, weil er ein Schweinehirt war, sondern weil er wieder nach Haus gekommen ist.«

Krähwinkel ist *der Name eines nur gedachten Ortes, der als Musterbild beschränkter Kleinstädterei gilt* (Grimm, Deutsches Wörterbuch, 5, 1975). Obwohl schon im Althochdeutschen als *Chrâwinchil* belegt und tatsächlich etwa viermal als Ortsname existierend, wird der Name erst im 19. Jahrhundert im obigen Sinne aufgenommen. Jean Paul verwendete ihn als erster in *Das heimliche Klagelied der jetzigen Männer: eine Stadtgeschichte; – und die wunderbare Gesellschaft in der Neujahrsnacht* (1802). Ein Jahr später brachte August von Kotzebue nach dem Vorbild von Picards *Petite ville* (1797) *Die deutschen Kleinstädter* (Reclams UB 90) auf die Bühne und nahm 1806 und 1809 in zwei Fortsetzungen das Motiv Krähwinkel als burleskes Schema mit Spielraum für die Satire wieder auf. In diesem Sinne kam *Krähwinkel* als burlesk-satirischer Topos in das Wiener Volkstheater. Wielands Sohn Ludwig brachte 1814 das erste Krähwinkel-Stück in Wien auf die Bühne. Es folgten bis zum Jahr 1832 mehr als fünfzehn Stücke Wiener Autoren (u. a. Castelli, Meisl, Gleich, Bäuerle), die alle Krähwinkel als zentrales Spielschema hatten. Das bekannteste, Bäuerles *Die falsche Primadonna in Krähwinkel* (1818), das schon den Bereich der Lokalposse zu verlassen suchte, diente Nestroy als Vorlage. Bäuerle nutzt als erster, wenn auch in sehr geringem Maße, den satirischen Spielraum des zunächst

nur burlesken Schemas, indem er aktuelle Wiener Vorfälle
und Ereignisse nach *Krähwinkel* verlegte und so »verschlüsselte«. Nach ihm wurde die Krähwinkelschematik immer
mehr »zerspielt«, vor allem durch J. A. Gleich, der von 1825
bis 1829 allein fünf Krähwinkeliaden schrieb.

Nestroy griff 1848 zur künstlerischen Darstellung der Revolutionsereignisse das Spielmodell *Krähwinkel* wieder auf
und löste es aus seiner abgespielten Klischeehaftigkeit, indem
er den traditionellen Formen und Motiven neue Funktionen
gab und der bloß burlesken, außerliterarischen Komik zur
satirischen Aussage verhalf.

Nestroy übernahm aus der Tradition das Spielmodell
Krähwinkel mit seinen Typen, den sprechenden Namen der
Figuren, der Liebeshandlung nach dem Muster der Comme-
dia dell'arte, den Verkleidungsszenen und der Bürgermeister-
intrige mit der Schriftstück-Manipulation, wie es zuletzt bei
Bäuerle ausgebildet war, und läßt alle Elemente zum wir-
kungsvollen Vehikel der Satire werden. Das Possenspiel
schafft immer wieder neue Anlässe der Satire. Nicht nur dadurch erhalten die überlieferten, oft »zerspielten« Motive
eine neue, satirische Funktion, sondern auch deshalb, weil
Nestroy als erster mit *Krähwinkel* nicht irgendeine Kleinstadt meint, sondern Wien (bzw. Österreich). *Krähwinkel* ist
das »verschlüsselte« Wien; die Satire erhält einen präzisen
und aktuellen Bezugspunkt.

Die Posse – und damit die Revolution – beginnt in einem
Wirtshaus, einem sehr häufig verwendeten Komödien-Spiel-
ort! Welch paradoxe Züge die Bierbankpolitik annehmen
kann, führt uns der Eingangschor der *Posse mit Gesang* vor
Augen: »Drum lass'n wir jetzt nimmer nach, Freiheit muß
sein! / Wir erringen s', und sperren s' uns auch leb'nslänglich
ein.« Ein Nachtwächter erscheint als aufgeklärter Mann des
Fortschritts, ein Kürschner erhofft sich von der Revolution
einen größeren Umsatz. Der Amtsdiener tritt hinzu (»Ich
bin vom Amt, und wir lieben das nicht, daß der Mensch frei
is«. I 2), und damit sind schon Motive geschaffen und Figuren aufgestellt, an denen das Für und Wider der Revolution,
echtes Interesse und geschäftliche Motive satirisch gespiegelt
werden können. Zwischen die »politischen Szenen«, die

Kontroverse zwischen dem absolutistischen Amtsdiener und dem freiheitlichen Nachtwächter, flicht sich die Liebeshandlung. Zwei Drittel der Exposition sind entfaltet, alles ist zum Auftritt der alle Fäden des Spiels in der Hand haltenden Zentralfigur Eberhard Ultra (Rolle Nestroys) vorbereitet, der sich mit Lied und Monolog (I 7) in das Geschehen einschaltet.

Zwei zweiteilige Strophen über das *Zopfsystem* und den Beginn seiner Auflösung führen in das Thema des Monologs ein. In den Strophen des Couplets, einer auf dem Wiener Volkstheater sehr beliebten Form der musikalischen Einlage, wird die Entwicklung aus der Perspektive Österreichs gesehen: nach Paris sind Deutschlands Bürger erwacht und haben gegen die Unterdrückung des Geistes gekämpft; in Österreich aber wäre bald alles wie ein »Wetter« vorübergegangen, doch ein glücklicher Zufall (!) bringt auch hier das *Zopfsystem* zur Auflösung. Die Coupletstrophen lassen, vor allem im Refrain, das entwickelnde und steigernde Verfahren der Reflexion erkennen, die immer neue Fälle vorführt und bis zu einem pointierten Schluß durchdenkt (vgl. auch das kunstvolle Couplet in III 22).

Ultra kommt aus dem durch die Revolution »glorreichen, freiheitsstrahlenden Österreich« (!) in das finstere Krähwinkel mit seinem absolutistischen *Zopfsystem*. In seinem Monolog reflektiert er über Recht und Freiheit, deren Begriffe eine solche Vervielfältigung, ja Inflation erfahren haben, daß man vor lauter Rechten und Freiheiten Freiheit und Recht selbst nicht mehr gesehen hat. Dies wird am Beispiel der Gedankenfreiheit erläutert: »Wir haben sogar Gedankenfreiheit g'habt, insofern wir die Gedanken bei uns behalten haben. Es war nämlich für die Gedanken eine Art Hundsverordnung. Man hat s' haben dürfen, aber am Schnürl führen! — Wie man s' loslassen hat, haben s' einem s' erschlagen.« Freiheit und Recht sind pervertiert worden, indem sie zu Verordnungen wurden. Dagegen wenden sich der Satiriker und die Revolution, vor der die biedermeierlichen, politisch uninteressierten, gemütlichen Wiener Angst haben und ausrufen: »O mein Gott, früher is es halt doch besser gewesen . . .« (I 7). Ultra führt im Monolog Für und Wider an, er reflektiert über die Folgen absolutistischer Herrschaft

und stellt jene satirisch bloß, denen ein gemütliches Leben als
servile Untertanen lieber ist als die schöpferische Freiheit.
Monolog und Couplet zeigen Ultra als überlegene und über-
legende Zentralfigur, deren Horizont weiter gespannt ist als
der der Komödie, der aus dem Bühnengeschehen heraustritt,
um sich direkt mit dem Publikum in Verbindung zu setzen
und dieses auffordert, die von ihm satirisch entlarvten Verhältnisse zu begreifen, sie nicht interesselos zu übersehen.

Ultra betont den »Modellcharakter« von *Krähwinkel* (I 8
und III 25: »Also, wie's im großen war, so haben wir's hier
im kleinen g'habt . . .«). Durch die Diminutivsprache (I 8)
zeigt er sich der »Revolution in Krähwinkel« überlegen und
nimmt sie nicht ernst. Sie dient ihm als satirisches Modell,
um am Kleinen das Große und Allgemeine zu zeigen.

Der nächste Auftritt (I 9) zeigt den Beginn der Volks-
empörung gegen das »System«, der Enthusiasmus der Krähwinkler kennt keine Grenzen, und er hat auch noch kein
Ziel, denn man geht zuerst ins Kaffeehaus (I 10)!

Ultra ist so »Freiheit durch und durch« (I 12; vgl. auch
seinen Steckbrief in I 15), daß er sogar den Ehestand als
Sklaverei bezeichnet. Offenbar ist das aber nur eine vor-
übergehende Meinung, denn nach der Begegnung mit Frau
von Frankenfrey formuliert er die Triebe seines Handelns
so: »Den Bürgermeister stürzen und auf den Trümmern der
Tyrannei den Krähwinklern ein' Freiheitsdom und mir einen
Hymentempel bauen!« (I 15).

Hier zeigt sich die enge (dramaturgisch kausale) Verflech-
tung von Revolutions- und Liebeshandlung. Es wird einsichtig, wie Spiel und Intrige den Boden für die Satire bereiten
sollen. Ganz besonders deutlich wird das in den »szenischen
Karikaturen«: Ultra als Liguorianer (I 17), als russischer
Fürst (II 4), als europäischer Freiheits- und Gleichheitskommissär (II 16) und als Diplomat (III 14). Das Verkleidungsspiel dient nur als Vorwand, politische Ideen oder Ereignisse
satirisch bloßzustellen, so z. B. in III 14, wenn Ultra als »er-
lauchter Gestürzter« in der Maske des nach London ins Exil
gegangenen Metternich die Bühne betritt.

Die Komödie hat weder die Satire auf politische Pfusche-
rei in der Kleinstadt noch die Intrigenhandlung der Harlekinade zum Gegenstand, sondern beide Handlungsstränge

verbinden sich zur satirischen Darstellung wirklicher Vorgänge. Auch die beiden ersten Träume des Bürgermeisters (I 21 und I 23) spiegeln wirkliche Vorgänge wider (vgl. Anmerkung 40 und 43); in vielen anderen Szenen (z. B. I 19 *Katzenmusik*; III 18 *Heilig sei das Eigentum*; III 5 ff. *Vertreibung der Ligorianer*; III 23 *Barrikaden*) werden Details aus der aktuellen Wirklichkeit ins Spiel gebracht, um die Komödienhandlung zu vertiefen, sie konkreter und »wirklicher« zu machen. In diesen Szenen wird die realitätsbezogene Satire dominierend. Immer wieder werden die Possenszenen, z. B. in den »szenischen Karikaturen«, in den Dialog aufgelöst, der die Schlagwortsprache der Revolution, falsches Pathos sowie reaktionäre und spießbürgerliche Haltung satirisch aufdeckt.

Ultra ist zugleich Spieler in der Komödienwelt und »satirischer Weltbetrachter«; seine politische Intrigenrolle in der Komödie (und damit verbunden: seine Liebhaberrolle) entschärft die Satire in keiner Szene. In Monolog, Dialog und vor allem in den Liedern abstrahiert er jeweils von der Komödienhandlung, vom »Spiel«, um satirisch allgemeine Kritik zu üben. Ultra zeigt, wie die Größe der politischen Bewegung in Krähwinkel zum komischen Spiel wird, das die Menschen satirisch entlarvt, die an den Ideen der Revolution scheitern. Jene Bürger fällen über sich selbst das satirische Urteil, die glauben, der Mensch fange »erst beim Baron an« (II 7), und die die aufbrechende Freiheit mit dem Grassieren der Cholera vergleichen (I 16).

Die Zentralfigur, der Räsoneur Ultra, ist zugleich Antrieb der Satire und des komischen Spiels, dessen Situationen sich immer wieder als Anlaß der Satire anbieten. Sein Verwandlungs- und Verkleidungsspiel, seine sprachliche und geistige Gewandtheit überwinden die Intrigenschematik der einfachen Possenhandlung, indem sie diese zum Spielraum der satirischen Entlarvung machen. Komödienspiel mit dem Thema der herausgezögerten Lustspiel-Hochzeiten und satirisches Spiel mit den Themen und Ereignissen der aktuellen Wirklichkeit gehen ineinander über, aber so, daß das Komödienspiel mit seinen traditionellen Motiven nur der spielhafte Untergrund ist, auf dem sich die satirische Enthüllung abspielt. Strukturtragende Schicht ist die Satire, die in *Frei-*

heit in Krähwinkel nicht nur durch die Sprache agiert, sondern auch als mimisches Verkleidungsspiel, z. B. in der »szenischen Karikatur«. Die Satire bedient sich der von der Komödie bereitgestellten Situationen, ohne dabei den spielhaften Grundzug, der alle Komödien Nestroys durchwaltet ganz unsichtbar zu machen. Dies wird besonders am »guten« Komödienschluß deutlich, der zwar vom »Gespenst der Reaktion« spricht, aber mit drei Lustspiel-Hochzeiten einer glücklichen, unproblematischen Spiel-Schluß bietet. Die Satire weist jederzeit über diesen Schluß hinaus.

An der Doppelrolle der Zentralfigur, einmal Mittelpunkt im Komödienspiel (mit verstärkter handlungsbewegender Funktion des Harlekin-Hanswursts, aus dessen »Familie« er stammt), zum anderen »satirischer Weltbetrachter« mit mehr Kompetenzen, als ihr die Spielfiktion in der Komödie eigentlich zugesteht, wird die Art der Verbindung von Possenspiel und Satire einsichtig. Die Zentralfigur vermittelt zwischen Komödie und Publikum, indem sie den Zuschauern die Komödie als Spiel präsentiert – die Wirklichkeit als Satire. D. h., es entsteht eine vollendete Verbindung von Possenform und Zeitkritik, in der die possenhaften Elemente der Wirkung der Satire nicht abträglich sind. Gerade durch diese ästhetische Kongruenz von Gehalt und Form, durch die Umfunktionierung der traditionellen Motive, verläßt Nestroy die Grenzen der Wiener Posse und nähert sich der »politischen Komödie« oder einer Form des »neuen Volksstücks« im Sinne Brechts. Realismus und Artistik, Satire und Spiel ermöglichen den zugleich *artistischen* und *natürlichen* Stil, den Brecht für das *Volksstück* fordert, ein poetisches und doch wirklichkeitsnahes Theater. Gerade darin liegt auch die »Modernität« von *Freiheit in Krähwinkel* begründet.

Die Verbindung von realen Problemen und Volkskomik, von Zeitwirklichkeit und satirischem Spiel unter Einbeziehung des Publikums als Vertreter der »wirklichen« Gesellschaft wird in der *Posse* zur künstlerischen Wirklichkeit. Was Nestroy in seiner Komödie gelingt und etwa Brecht und Dürrenmatt für das moderne Drama fordern, ebenjene Verbindung von Komödie, Zeitwirklichkeit und »mitspielen-